宝宝的第一本国学启蒙书

◎京京工作室 编

中华传统美德故事

中国纺织出版社

图书在版编目（CIP）数据

中华传统美德故事 / 京京工作室编 . -- 北京：中国纺织出版社，2020.4

（宝宝的第一本国学启蒙书）

ISBN 978-7-5180-4832-8

Ⅰ.①中… Ⅱ.①京… Ⅲ.①品德教育—学前教育—教学参考资料 Ⅳ.① G611

中国版本图书馆 CIP 数据核字（2018）第 055758 号

责任编辑：赵晓红　　责任校对：王花妮　　责任印制：储志伟

中国纺织出版社出版发行

地址：北京市朝阳区百子湾东里 A407 号楼　邮政编码：100124

销售电话：010—67004422　传真：010—87155801

http://www.c-textilep.com

中国纺织出版社天猫旗舰店

官方微博 http://weibo.com/2119887771

北京通天印刷有限责任公司印刷　各地新华书店经销

2020 年 4 月第 1 版第 1 次印刷

开本：889×1194　1/24　印张：9

字数：87 千字　定价：36.80 元

凡购本书，如有缺页、倒页、脱页，由本社图书营销中心调换

前言

国学是中国传统文化，是孩子在成长过程中应该汲取的精华知识，可以帮助孩子树立正确的人生观和价值观。这套"宝宝的第一本国学启蒙书"收录了六本儿童启蒙读物，给孩子最好的选择。

《三字经 百家姓》不仅有《三字经》的原文，还附有浅显易懂的注释和精彩解说，帮助孩子理解全文内涵。书中还精选了一些与内容相关的小故事，让孩子在故事阅读中品味原文所要表述的超凡智慧。《百家姓》中近百个常见的姓氏，分别介绍了姓氏的来源、姓氏名人和名人故事等内容，便于孩子们更好地了解每一个姓氏的来龙去脉。

《千字文 弟子规》中的《千字文》涵盖了天文地理等各种知识，全书没有一个重复的字，是孩子们最好的一本汉字认知书。《弟子规》内容广泛，浅显易懂。它从生活中的各个方面方面来教导孩子为人处世的基本原则，并选有相对应的故事，配以精美的插图。

《中华成语故事》是历史文化的积淀，是中华民族语言的瑰宝。每一个成语故事都浅显易懂，又是那么寓意深刻。所以，学习成语是孩子们学习中国文化的重要途径。

《唐诗300首》精选了唐诗中流传最广、影响最深远的作品，包含原文、注释、译文三部分。阅读本书，小读者能够轻松欣赏唐诗的优美意境与动人情感，获得更多的文化熏陶和审美情趣，感受中国古典文化的无穷魅力。

《宋词300首》在中国文学史上有不可磨灭的地位，各种修辞手法得到了淋漓尽致的体现，其内涵和文化底蕴也是孩子们提高文化修养，学习写作手法的良师益友。

《中华传统美德故事》精心选取了具有代表性的美德故事，书中的每个故事都生动感人，闪耀着人性的光辉，温暖着我们的心灵。用心品味这些美德故事，体会故事中的人物品格，照亮自己的人生之路。

在这个成长的季节里，让我们阅读这些永恒的经典，让书籍成为孩子的领跑者。阅读这些经典作品，享受快乐阅读的时光，温暖孩子的幸福童年。

目录

目录

岳飞"精忠报国"

知识简介

岳飞，字鹏举，中国历史上著名军事家、抗金名将，其精忠报国的精神深受中国各族人民的敬佩。

故事再现

岳飞是我国宋朝著名的抗金英雄。岳飞20岁时就已饱读兵书、谙熟武艺，期望有一天能够投身疆场，报效祖国。他走上战场的前夕，母亲在他背上刺下"精忠报国"四个大字，嘱咐他一生都要尽忠为国。

岳飞参军后，英勇杀敌，他率领的"岳家军"先后六次与金兵交锋，均获全胜。他的战绩触怒了赵构等妥协投降派，赵构等便设计革掉了岳飞的官职。岳飞难以压抑心中报效国家的强烈意愿，投奔河北路招抚使张所。从此，岳飞又转战在抗金的战场上，"岳家军"的旗帜成了抗金力量的象征。金兵统帅不得不惊呼："撼山易，撼岳家军难！"

然而，正当岳飞奋勇前进，胜利在望时，赵构和宰相秦桧却害怕岳家军强大之后，会成为南宋政权的威胁，因此，不惜出卖民族利益，以"孤军不可久留"为借口，在一天之内连下12道金牌，强令岳飞退兵。退兵时，中原人民拦住军马，哭声遍野，岳飞也潸然泪下。

岳飞回到临安后，赵构和秦桧为了向金兵求和，以"莫须有"的罪

名把岳飞送进监狱并秘密杀害。岳飞被害后，南宋与金人订立了可耻的"绍兴和议"，向金朝称臣纳贡，大片国土沦入金人手中。

精彩赏析

这个故事讲述了抗金名将岳飞尽心卫国，却反而遭到奸臣陷害被杀。岳飞虽然被杀害了，但他的爱国主义精神深深铭刻在了世代中国人的心中。"国家兴亡，匹夫有责"，为国家的繁荣富强出一份力，是我们每个人应该做的。

快乐学习屋

小朋友，岳飞的母亲在他的背上刺了什么字呢？岳飞是如何被害的？你认为岳飞是一个什么样的人呢？这个故事给了你什么启发呢？

苏武出使匈奴

苏武，字子卿，西汉大臣，奉命出使匈奴，被扣留，不惧匈奴的威逼利诱，不肯投降。历经十九年在边关牧羊的折磨，终于回到自己的国家。

故事再现

西汉时，汉武帝派苏武出使匈奴。

临行前，汉武帝召见了苏武，亲手把旌节交给他。苏武接过使节杖说："只要我在，这节杖就不会丢，使命就不会受辱。"

苏武等人到达了匈奴，并见到了单于。谁知单于以为汉朝软弱，对苏武等人十分傲慢，并想迫使苏武屈服。

苏武答："我奉命是来与匈奴结好的！"单于下令要杀苏武。苏武却毫不畏惧。之后单于又用高官厚禄来劝降，谁知苏武一听勃然大怒，对他破口大骂。

单于见苏武软硬不吃，于是下令将他放逐到北海（今俄罗斯西伯利亚贝加尔湖）去放羊。临行前，单于对苏武说："等你放的公羊产了奶，你才能回去。"

北海荒无人烟，一年到头白雪皑皑，苏武每天都在饥寒交迫中度过。苏武就这样在匈奴生活了19年。

公元前81年，汉朝与匈奴几经交涉，匈奴才把苏武放回长安。长安的老百姓听说苏武回来了，都出来迎接。他们看到白发苍苍的苏武，手里还紧紧握着那根光秃秃的"节杖"，都感动得热泪盈眶。

精彩赏析

苏武面对匈奴的威逼利诱和北海恶劣的自然环境都没有屈服，他始终忠于西汉，表现出了大义凛然的堂堂正气，他的这种精神值得我们每个人学习。

快乐学习屋

小朋友，苏武出使匈奴为何没能回来呢，发生了什么事？匈奴单于是如何诱使苏武投降的，苏武接受了吗？你从这个故事中受到了什么启发？

抗日名将张自忠

知识简介

张自忠，著名抗日将领、民族英雄。1940年，在襄阳与日军战斗中，不幸牺牲。新中国成立后，中国人民政府追认张自忠将军为革命烈士。

故事再现

现在，在北京、天津、上海等城市，都有以张自忠命名的街道。因为张自忠是为国捐躯的将军，是"抗战军人之魂"。

张自忠经常教育部下：军人只有以必死的决心去战胜敌人，才能对得起国家和自己的良心。

1940年5月，国民党第三十三集团军总司令张自忠率军在湖北襄阳一带抗战。大洪山一战，他们消灭了1000多名日军。日军疯狂报复，派重兵包围过来。张自忠和士兵们坚决抵抗，他手举步枪高喊："弟兄们，一定把敌人消灭！"一天过去了，阵地还在，他们却一天没吃东西。第二天，敌人用飞机大炮轰炸。张自忠几次率军反击，都没有成功。部下劝他撤退，他说："我要是撤了，这一带就保不住了。我要用身体来保卫湖北西部河山！"后来他们被困在杏儿山上，无法冲出去。张自忠左肩受了伤，他说："我是不打败仗的，败只有死，我不能对不起部下。只有誓死不退，才能抗敌保国。"

日军冲了上来，张自忠身中数弹，仍然立在山头，坚持抵抗。一颗子弹击中他的胸部，血流不止。他倒在地上对副官说："我这样死得好，对得起国家，对得起民族……心里平安。"说完，他又顽强地站起来，向敌人扑过去，敌人的子弹又射中他的腹部和头部。张自忠为国尽忠了，他是在抗战中牺牲的中国军人中职务最高的一个。

精彩赏析

自古以来，牺牲在战场上，一直是爱国军人引以为豪的志向。特别是那些明知死在眼前仍勇敢赴难的人，更令人崇敬。

快乐学习屋

小朋友，张自忠生前是如何教育部下的？部下劝他撤退时，他是如何回答的？他最后是如何牺牲的？你从这个故事中受到了什么启发？

商鞅立木取信于民

商鞅，是战国时代卫国人。商鞅从小喜欢研究法学，他听说秦国广纳人才，就投奔秦国，并得到秦孝公的重用。

故事再现

战国前期，魏国崛起后，屡次出兵攻打落后的秦国。公元前361年，秦孝公即位，他决心发愤图强，于是发布了一道招纳人才的告示。

秦孝公的招贤榜发布后，果然吸引了不少有才干的人前来秦国效力，其中就包括商鞅。

商鞅对秦孝公说："要使百姓富足，应当以农业为国家的根本。要训练出一支能征善战的军队，还必须对战场上杀敌立功的将士予以重奖。"秦孝公完全赞同商鞅的主张，就任命商鞅为左庶长，主持秦国的变法。

商鞅经过反复思考，最终制定出了一套法令。但怎样才能使秦国百姓相信有令必行、赏罚必信呢？

商鞅想出了一个办法，他让人在国都栋阳城的南门处立起一根长三丈的直木，同时贴出告示，上边写着"能扛此木至北门者，赏黄金五十镒"。人群如开了锅一样，人们或惊诧或疑惑。这时走出来一个小伙子

说："让我试试看吧！"于是，他就扛起直木走到了北门。商鞅马上命令赏给那人黄金五十镒，并趁机向围观的民众说："我们秦国提倡信誉，言出必行。"

这事一传十，十传百，不久就传遍了整个秦国，商鞅这才下令变法。法令正式颁行后，秦国百姓没有敢不遵从的。

精彩赏析

"民无信不立"，这是治国的根本原则之一。在现实生活中，要想让别人信任你，首先你应该做个言而有信的人，做事情才会成功。

快乐学习屋

小朋友，商鞅是如何树立威信的？你觉得他的这个方法怎么样？你从这个故事中明白了什么道理呢？

李勉诚实无欺

知识简介

李勉，字玄卿，唐朝宰相、宗室，郑王李元懿曾孙。唐高祖李渊玄孙。

故事再现

李勉，唐代中期名臣。他幼通经史，生性耿直，一生崇尚道学，为官做人更是正直无私，为民所信服。

李勉年少时很贫困，一次，他去外地游学时，与一书生一同借宿在河南商丘的一家旅店中。刚开始，他们在一起交流游学心得，谈天说地，互相学习，可是不到十天，这个书生忽然得了重病，一病不起，李勉对他竭力照顾，然而书生的病情还是没有好转。

书生知道自己活不了多久，于是他在临死前从布袋中拿出一百两银子交给李勉，说："我家住在江西南昌，想不到在这里得病将死。请您拿着它为我料理后事，剩余的都送给您。"

李勉答应了。没多久，书生去世了，李勉遵守诺言，为他料理后事，只是李勉并没有将余下的银子归为己有，而是把剩余的银子放在书生的墓穴中一起埋了。

隔了几年，李勉担任开封县尉。死去的书生的兄弟来寻找书生，一路寻找他的行迹。到了商丘，打听到李勉曾经为书生主持过丧事，就特

地来拜访他。

　　李勉确认这个人就是书生的兄弟，于是陪同书生的兄弟前往商丘墓地祭奠，并挖出了剩余的银子全部交给了他。

精彩赏析

　　人如果没有诚信做资本，就会像高楼大厦没有地基一样，不牢靠。由此可见，讲诚信是一个人取得成功的基本条件。

快乐学习屋

　　小朋友，李勉为书生料理完后事，是怎样处理余下的银子的？你如何看待他的这一做法？这个故事对你有什么启发？

诸葛亮以信治军

知识简介

诸葛亮，字孔明，号卧龙，琅琊阳都（今山东临沂市沂南县）人，蜀汉丞相，三国时期杰出的政治家、军事家。代表作有《前出师表》《后出师表》《诫子书》等。

故事再现

魏明帝任命司马朗为主将，带领20万精兵征伐蜀国。诸葛亮当时在祁山屯兵，仅有10多万兵马，其中有4万人因服役期满需要退役还乡。在这关键时刻，一旦这4万人离去，对于处于劣势的蜀军而言无疑雪上加霜。诸葛亮为此十分愁闷。

蜀军将领认为敌人势力强盛，没有一定兵力支援难以制胜。因此，有的将领向诸葛亮建议："延期服役一个月，待战事结束后再让老兵们退役还乡。"

诸葛亮却果断地说："我统兵作战，向来以信用为根本。那些很早就离开家乡、在外征战多年的人，早已整装待发，归心似箭，期盼着与自己的家人团聚；他们的父母、妻儿也早已在家计算归期，盼望着早日相见。虽然大敌来临，战事严峻，但我们没有理由耽误服役人员的行程，道义岂可偏废？"

于是，诸葛亮下令各部，让服役期满的老兵速速还乡，早日和家人团聚。老兵们被诸葛亮的诚心所打动，他们不仅没有走，反而坚定地留了下来，并感慨地说道："诸葛公的大恩大德，我们将永远铭记于心！"那些服役期未满的年轻士兵也都被诸葛亮的信义所打动，愿意以死相报，坚持到底！

临战当天，士兵们个个斗志昂扬，击退了司马锐，大胜魏军。

精彩赏析

对于守"信"，古人给我们留下了很多生动的故事。在这个故事中，如果没有诸葛亮以信为本的治军策略，战争是无法取得胜利的！

在现实生活中，无论我们做什么事情，都要讲一个"信"字。只要一贯守信不失，诚信待人，就能获得最终的胜利。

快乐学习屋

小朋友，大敌当前，诸葛亮为何要让服役期满的老兵按时回家呢？你是如何看待他的这个决定的？这个故事对你有什么启发呢？

19

季札挂剑

季札，春秋时期吴王寿梦的第四个儿子，季札不仅品德高尚，而且是具有远见卓识的政治家和外交家。广交当世贤士，对提高华夏文化作出了贡献。

故事再现

春秋时期的季札，是吴国国君的公子。有一次，季札出使鲁国时经过了徐国，就去拜会徐君。徐君一见季札，就被他的气质涵养所打动，感到非常亲切。徐君默视着季札端庄得体的仪容与着装，突然，被他腰间的一把祥光闪动的佩剑深深地吸引了。在古时候，剑是一种装饰，也代表着一种礼仪。无论是士臣还是将相，身上通常都会佩戴一把宝剑。

季札的这柄剑铸造得很有气魄，典丽而又不失庄重。徐君虽然心里喜欢，却不好意思表达出来，只是目光奕奕，不停地朝它观望。季札看在眼里，心中暗暗想道：等我办完事情之后，一定回来将这把佩剑送给徐君。为了完成出使的使命，季札暂时还无法将佩剑送他。

怎料世事无常，等到季札出使返回的时候，徐君已经过世了。季札来到徐君的墓旁，内心有说不出的悲戚与感伤。他望着苍凉的天空，把那把长长的剑，挂在了树上，默默地祝祷。

季札的随从非常疑惑地问他：徐君已经过世了，您将这把剑悬在这

里，又有什么用呢？而季札却说：虽然他已经走了，但我的内心对他曾经有过承诺。徐君非常喜欢这把剑，我心想回来之后，一定要将剑送给他。君子讲求的是诚信与道义，怎么能够因为他的过世，而背弃为人应有的信与义呢？

精彩赏析

季札并没有因为徐君的过世而违背做人应有的诚信，虽然他的允诺只是生发于内心。这种"信"，令人无比崇敬与感动。

快乐学习屋

小朋友，季札去拜见徐君，徐君被什么吸引了？季札看到徐君的表现，在心里许下什么诺言？徐君去世后，季札是怎么做的？你怎么看待他的这种做法？

陈尧咨偿值取马

知识简介

陈尧咨，宋代官员、书法家。真宗咸平三年进士第一，状元。翰林学士。

翰林：皇帝的文学侍从官，翰林院从唐朝开始设立，自唐玄宗后成了专门起草机密诏制的重要机构，院里任职的人称为翰林学士。

故事再现

北宋时期，翰林学士陈尧咨买了一匹烈马。烈马脾气暴躁，不能驾驭，而且踢伤、咬伤很多人。

有一天早晨，陈尧咨的父亲走进马厩，没有看到那匹烈马，便向管马的人询问。管马的人说："翰林已经把马卖给一个商人了。"陈尧咨的父亲问："那商人把马买去做什么？"管马的人说："听说，是买去运货。"陈尧咨的父亲又问："翰林告诉那商人这是匹烈马吗？"管马的人说："哎，老爷，要是跟那个商人说了，这匹马又咬人又踢人，人家还会买吗？"陈父很生气地说："真不像话，竟然还敢骗人。"说完就气呼呼地转身走了。

陈父找到儿子就问："你把那匹烈马卖了？"陈尧咨得意地说："是啊，还卖了个高价呢！"陈父生气地说："混账东西，你身为朝廷

重臣，竟敢骗人。"陈尧咨说："爸，我又没强迫他买，马是他自己看中的，他愿意买，我就卖了。这哪里是骗他。"陈父又问："那你为什么不告诉他这是匹烈马呢？"陈尧咨嘟囔着说："马摆在那里让他随便看，他自己看不出这马性子烈，这可不怪我。"

陈父更生气了："你这么多年的书都读到哪里去了，难道可以为了钱欺骗别人吗？"陈尧咨听后，很惭愧地低下了头，说："爸，您别生气了，我知道是我做错了，我这就去把买马的商人找回来。"

于是陈尧咨亲自找到那个买马的商人说明了原因，并把钱退给了买马的人，自己则把马牵了回来，一直把那匹马养到老死。

精彩赏析

陈尧咨偿值取马是关于诚信的典型事例。诚信是做人、立业之本。我们应该从自身做起，恪守诚信。

快乐学习屋

小朋友，在这个故事中，陈尧咨的父亲是如何教育他的？他最后又是如何处置那匹马的？你从这个故事中明白了什么道理呢？

三顾茅庐

知识简介

刘备，字玄德，东汉末年幽州涿郡涿县（今河北省涿州市）人，与关羽、张飞结拜后，"三顾茅庐"将诸葛亮纳入麾下，逐渐崛起。赤壁之战后，建立了蜀汉政权，与曹魏、东吴各据一方，形成"三国鼎立"之势。

故事再现

东汉末年，刘备攻打曹操失败，投奔荆州刘表。为了日后成就大业，刘备多方打听，得知"得伏龙者得天下"的卧龙就是诸葛亮，此人隐居在襄阳城西二十里的隆中，便专程去拜访。

第一次，刘备扑了个空。不久，刘备又和关羽、张飞冒着大风雪第二次去请。不料诸葛亮又出外闲游了。刘备只得留下一封信，表达自己对诸葛亮的敬佩之情和请他出来帮助自己挽救国家局面的意愿。

过了一些时候，刘备准备三请诸葛亮。关羽说诸葛亮也许徒有虚名，未必有真才实学，不用去了。张飞说如他不来，就用绳子把他捆来，被刘备责备了一顿。第三次拜访诸葛亮，诸葛亮正在睡觉。刘备一直站到诸葛亮醒来。诸葛亮终于被刘备的诚意感动了，把刘备请进自己

的草屋里。刘备坦率地说："如今汉室衰落，大权落在奸臣手里。我知道自己能力差，却很想挽回这个局面，所以特地来请先生指点。"

诸葛亮看到刘备这样虚心请教，就推心置腹地跟刘备谈了自己的主张，分析了当今天下的形势。最后，他说："将军是皇室的后代，如果您能占领荆、益两州，对外联合孙权，对内整顿内政，一旦有机会，就可以兵分两路攻打曹操。到那时，有谁不欢迎将军呢？功业就可以成就，汉室也可以恢复了。"

刘备不禁发自内心地钦佩眼前这个年轻人，诚恳邀请他一起下山同商大业。人们把这件事称作"三顾茅庐"，把诸葛亮这番谈话称作"隆中对"。

精彩赏析

刘备三顾茅庐，持之以恒，终于请到诸葛亮出山坐镇，为刘备打下了一片江山。由此故事得知，在挫折面前保持恒心，以乐观的态度面对，成功之门将向我们打开。

快乐学习屋

小朋友，你知道"三顾茅庐"的意思了吗？刘备"三顾茅庐"的故事给你什么启发呢？

玄奘取经

知识简介

玄奘，唐朝著名高僧，为弘扬佛教只身去印度取经，一生执着追求，为我国的地理学作出了卓越贡献。

声誉鹊起：比喻声名迅速提高。

故事再现

《西游记》故事中，唐僧取经真有其事，那个唐僧就是玄奘。可实际上，他只是孤独一人，并没有什么齐天大圣来保护他。

玄奘潜心钻研佛经，觉得要弄通佛理，最好到佛教的发源地天竺去学佛经。当时正是唐朝初期，国内政局不太稳定，政府严禁百姓出境，玄奘的申请未被批准。于是，他混在一群衣衫褴褛的饥民队伍中，离开了长安，踏上了西行之路。

当他进入400多千米的莫贺延碛戈壁滩不久，失手打翻了盛水的皮袋子，把饮用水全部洒光了。他忍着极度的干渴，走了五天，昏倒在沙漠中。在生死关头，一阵凉风吹醒了他，他又骑马勉强走了5千米，幸好前面出现了一片绿洲，他又把水袋装满继续上路。

穿过沙漠，玄奘来到高昌国，高昌王苦苦请求玄奘留下来说法。玄奘一连三天不吃不喝，高昌王深为感动，第四天送他离开了。

之后，玄奘又翻山越岭，走了整整一年，历尽千辛万苦才到达天竺。到达天竺后，他如饥似渴地学习，潜心钻研全部佛经以及其他宗教流派的学说，成为那烂陀寺十大法师之一。玄奘通晓了经论的奥妙，声誉传遍了整个天竺。

玄奘声誉鹊起，国王和佛教徒恳切希望他永远留在天竺，不要再回国了。但是，玄奘心中怀念祖国，带着650多部佛教书籍，再一次踏上迢迢征途，回到了长安。

精彩赏析

这是玄奘历尽千辛万苦，抵御众多诱惑，求取佛经的故事。玄奘坚持不懈的精神与坚韧不拔的毅力，值得我们每个人学习。

快乐学习屋

玄奘在求取佛经的过程中遇到了什么困难？他是如何克服的呢？小朋友，你从玄奘取经的故事中明白了什么道理呢？

铁棒磨针

知识简介

李白，字太白，汉族，唐代伟大诗人，有"诗仙""诗侠"之称。代表作有《望庐山瀑布》《蜀道难》《将进酒》《早发白帝城》等。

故事再现

李白小时候是一个贪玩的小孩。有一天，老师正在讲课，他却走神了。老师看见李白愣愣的模样，知道他没有认真听课，就停止讲课，很生气地说："李白，你站起来重复一遍我刚才讲的话。"李白一下子清醒了，慌忙站起来，却什么也说不出来。"大家都在笑话我吧！"李白的脸唰的一下红了，他感到很难为情。

放学回家的路上，李白还在生自己的气。忽然，他发现一条清澈的小溪边，一位白发苍苍的老婆婆正在磨一根很粗的铁棒。老婆婆磨得很认真很卖力，大滴大滴的汗珠从老婆婆的额头上滚下，可是老婆婆只是抬起手用衣袖擦了擦汗，又接着磨那根大铁棒。

李白看见老婆婆这么辛苦地磨铁棒，觉得十分好奇。于是他跑上前去，来到老婆婆的身旁，一边轻轻地拉着老婆婆的衣角，一边很有礼貌地说："婆婆，您好。请问您磨这根大铁棒干什么呢？"

老婆婆继续专心地磨着她的铁棒，头也不抬地说："我呀，我要把

它磨成一根细细的绣花针。"

李白瞪大了眼睛，嘟着嘴说："这么粗的铁棒能磨成针吗？"

这次，老婆婆停下手中的活，抬起头看了看李白，慈祥地对他说："好孩子，只要功夫深，铁棒也能磨成绣花针哩！"李白像是突然明白了一个道理，使劲儿地点了点头。

精彩赏析

"只要功夫深，铁杵磨成针"老婆婆的话警醒了李白，让他懂得只有坚持不懈地读书，才能取得大成就。小朋友，我们也应该牢记这个道理，这样才能取得属于自己的一番成就。

快乐学习屋

小朋友，李白看到老婆婆在磨铁棒以后是什么反应？老婆婆是如何教育李白的呢？你从这个故事中明白了什么道理呢？

老汉粘蝉

知识简介

锲而不舍：比喻有恒心，有毅力。

出神入化：形容技艺高超达到了绝妙的境界。

故事再现

有一年盛夏时节，孔子带着他的学生们来到楚国，走进一片茂密阴郁的树林歇凉。林中蝉声一片。

有一位弯腰驼背的老汉站在树下，用顶端涂着树脂的竹竿捉蝉。只见他一粘一只，非常轻松，就像在地上捡蝉一样，大家在一旁都看得入了迷。

孔子问老汉："您捉蝉这般巧妙，其中可有规律吗？"

老汉回答："当然有。蝉这种小虫很激灵，一有风吹草动，它就逃了，因此，首先要练得手拿竹竿不晃动，等到放两颗弹丸在竹竿顶端不会掉，捉蝉就有了一定把握；放三颗不会掉，捉十只才会逃走一只；放五颗不掉，捉蝉就像随手拾取一样。可是光这样还不够，还要善于隐蔽自己，我站在树下，就像半截树桩，伸出手臂，就像枯木朽枝。"最后，老汉缓口气继续说："还要用心专一。我捉蝉时，不管天地之大，万物之多，我只看见蝉的翅膀；不管周围发生什么情况，都不能分散我

的注意力。能够做到这步，还怕捉不到蝉吗？"

孔子听罢，回头告诫学生们说："听见没有，只有锲而不舍、专心一致，才能出神入化，这就是驼背老翁说的意思！"

精彩赏析

一个人如果能够排除外界的一切干扰，集中精力，勤学苦练，就可以掌握一门过硬的本领。

快乐学习屋

小朋友，老汉为什么能精确地捕捉到蝉呢？锲而不舍的坚持，专注于一件事情，没有什么事情是我们做不好的。

31

书读百遍，其义自见

知识简介

冰天雪地：形容冰雪漫天盖地。

泥泞：指道路上因为下雨的缘故而积水，从而导致出现烂泥，使道路行走困难。

故事再现

三国时期，魏国有一个人叫董遇，自幼生活贫苦，整天为了生活而奔波。

但是，他从小爱学习，只要一有空闲时间，就坐下来读书学习，所以知识很渊博。他的哥哥讥笑他，他却不在乎。

不久之后，他写了两本书，引起了轰动。别人见他很有学问，常常要他讲书。有一次，一个人问他："读书有什么窍门？"他告诉大家："你必须先自己读它百把遍，边读边思，书中道理自会懂得，倘若还有不懂之处，再向人请教也不迟。"

人们听他这么一说，纷纷点头称赞，表示认可。

董遇告诉人们：人的生命是有限的，一定要努力学习啊！

这时，一个人说："你讲得很有道理，可是我们苦于没有时间，怎么办呢？"

董遇回答说："我们应当利用好'三余'。"

"'三余'？哪'三余'呢？"人们不解地问。

董遇看了看大家，一字一板地说："所谓'三余'，是指冬天、夜间、雨天一年中业余的时间。你想冰天雪地没有农活，不是读书的大好时间吗？夜间是一天的业余时间，到处一片漆黑，无法干活，不也是读书的好时间吗？还有阴雨天，到处一片泥泞，出门不得，更是在家读书的好时间！"

人们听了，恍然大悟。原来利用一切可以利用的时间来读书学习，能够大大提高自己的学识。

精彩赏析

平常，我们总抱怨事情太多，没有时间读书。看来，我们大多是在为自己的懒惰行为找借口。如果我们能充分利用这些时间，就不愁读书没有时间了。

快乐学习屋

小朋友，别人向董遇请教读书窍门的时候，他是怎么回答的？人们说自己没有时间读书时，董遇又说了什么？你从这个故事中明白了什么道理呢？

曹操割发代首

知识简介

曹操，字孟德，东汉末年杰出的政治家、军事家、书法家。三国鼎立期间掌握魏政权。他精通兵法，重贤爱才，在他的统治下政治清明。

故事再现

三国时期，曹操有一项军令：全军将士，一律不得践踏庄稼，违令者斩！

有一次，他率领士兵们去打仗。那时正是小麦快成熟的季节。正当曹操骑在马上边走边想问题时，突然从路旁的草丛里窜出几只野鸡，曹操的马被这突如其来的情况惊着了。它嘶叫着狂奔起来，跑进了附近的麦子地。等到曹操使劲儿勒住了惊马，地里的麦子已经被踩倒了一大片。

看到眼前的情景，曹操把执法官叫来，让他治罪。这下，执法官犯了难。曹操是主帅，军纪也是他制定的，怎么能治他的罪呢？执法官说："丞相，您的马是受到惊吓才冲入麦田的，并不是您有意违反军纪，踩坏庄稼的，我看还是免于处罚吧！"

"不！军令就是军令，不能分什么有意无意，如果大家违反了军纪，都找一些理由来免于处罚，那军令不就成了一纸空文吗？"

执法官头上冒出了冷汗，想了想说："丞相，您是全军主帅，若按军令

从事，那谁来指挥打仗呢？"众将官见执法官这样说，也纷纷上前哀求。

曹操沉思了一会儿说："我是主帅，治死罪是不适宜。那就用我的头发来代替我的首级吧！"说完，他拔出了宝剑，割下了自己的一把头发。

精彩赏析

当我们勇敢地面对自己的失误时，就会从中吸取教训，然后继续向前迈进。曹操身为统帅，能够以身作则，这是他率领的军队充满战斗力的原因。

快乐学习屋

小朋友，曹操制定了一个什么军令呢？他为何要割掉自己的头发？你从这个故事中明白了什么道理呢？

周处悔过自新

知识简介

安然无恙：原指人平安没有疾病。现泛指事物平安未遭损害。

悔过自新：悔恨以前的过失，决心重新做人。

故事再现

西晋时期，有个叫周处的人成天惹是生非，打架斗殴，危害乡里。

邻近的山里有一只猛虎，经常出来伤人。当地的长桥下，有一条凶恶的蛟龙，经常游出水面，吞吃鸡鸭。于是人们把周处、猛虎、恶龙放在一起，统称为"三害"。

有人出主意："我们想办法让周处上山杀虎，下海屠龙，这样，'三害'就除了'两害'，如果他被猛虎或恶龙吃掉，不是更好吗？"于是，有人去找周处，夸他胆子大，功夫好，如果能上山杀虎，下水降龙，那就是真正的英雄了。周处听后，拍着胸脯说："那猛虎和恶龙算什么，看我怎么收拾它们！"

周处到了森林深处，搭弓射箭，"嗖"的一下，把猛虎射死了。他又带着刀剑，跳进水里去找蛟龙。三天三夜过去了，周处还没有回来。大家认为周处和蛟龙一定都死在水里了。这回"三害"都除了，大家奔走相告，互相庆祝。

没想到第四天，周处竟然安然无恙地回家了。人们很是吃惊。原来蛟龙受了伤到处乱窜，周处一路追赶，终于杀死了蛟龙。上岸后的周处看到大家正在为他的"死"而高兴，明白自己平时的行为多么遭人痛恨。

于是，他痛下决心，要悔过自新。一边跟当时很有名望的陆机、陆云刻苦学习；一边注意自己的品德修养。后来他终于成为晋朝有名的大臣。

精彩赏析

一个人首先应该知惭有愧，方能悔过自新。周处悔过自新除"三害"，救人之难，终于成为国家栋梁之材，由此故事我们看到了一个浪子回头金不换的楷模。

快乐学习屋

小朋友，周处为什么会成"三害"之一？他为什么决定改过自新？你从周处身上明白了什么道理呢？

孔子改错

孔子，子姓，孔氏，名丘，字仲尼，春秋时期鲁国人。中国著名的思想家、教育家。

一天，孔子带门生外出讲学。师生们来到海州，忽然暴雨大作。当地的一个老渔翁把他们领进一个山洞避雨。

这山洞面朝大海，孔子在洞口观看雨中的海景，看着看着，吟成一联：风吹海水千层浪，雨打沙滩万点坑。老渔翁听了忙说道："先生，难道海浪整头整脑只有千层，沙坑不多不少正好万点？先生你数过吗？"

孔子问道："既然不妥，怎样才合适？"老渔翁说："依我看，改成这样：'风吹海水层层浪，雨打沙滩点点坑。'浪层层，坑点点，数也数不清。"子路听了，冲着老渔翁说："圣人作诗，你怎能乱改？"

孔子喝道："子路！休得无礼！"老渔翁拍着子路的肩膀说："圣人有圣人的见识，但也不见得样样都比别人高明。比方说，这鱼怎么打法，你们会吗？"一句话，把子路问得哑口无言。

孔子想着老渔翁谈海水、改诗句、议"圣人"，猛然间发觉自己犯了个大错误，于是严肃地对弟子们说：为师以前对你们讲'生而知之'，

这句话错啦！大家要记住：知之为知之，不知为不知，是知也！"

精彩赏析

谁也不是万能的，就连孔子这样的圣人也难免犯错。孔子发现自己的错误时并不隐瞒，而是立刻纠正，这正是他高明的地方。

快乐学习屋

小朋友，孔子看着雨中海景想出了哪两句对联？老渔翁为什么说孔子说得不对？与老渔翁一番交谈后，孔子发现了什么？

苏秦苦读

知识简介

苏秦，战国时期著名的纵横家、外交家和谋略家。

头悬梁，锥刺股：形容发愤读书，刻苦学习。股：大腿。

故事再现

苏秦小时候勤奋好学，慢慢地，取得了一些成绩。然而，就在此时，他骄傲起来，自以为已经学到了所有知识，于是，他收拾好行李，一个人外出游说他的"合纵连横"理论去了。由于没人给引荐，他被冷落了一年多。后来他到了秦国，在秦国住了一年多，所带银两已花光了，也没有任何成就，于是只好离开秦国，返回家里。

苏秦的心里难受极了，他决定重新埋头苦读，从此不分昼夜，刻苦攻读。有时候读着读着就在案头上睡着了。每次醒来，看到时间过去了很多，都十分懊悔。

有一次，他读着读着又打瞌睡，放在案上的一把锥子刺痛了他的手臂，使他一下子清醒过来。他忽然想出了一个好办法：用锥子扎自己的大腿。此后，每当有困意时，他就拿起锥子刺自己的大腿。由于扎得狠，往往鲜血淋漓。家人看了，于心不忍，就规劝他说："你不必这样折磨自己了，只要你痛改前非，就一定可以成功的。"

就这样，苏秦勤学苦读了一年多，才觉得比以前学得深了，能够说服当代的君主了。

经过这一番准备，苏秦于公元前 334 年开始游说六国，终于得到了六国君王的重用，并担任了六国的宰相，提出了有名的六国合纵共同抵抗秦国的政策。

精彩赏析

勤奋好学，是中华民族的传统美德之一。苏秦"锥刺股"就是这一传统美德的生动写照。苏秦在那样艰苦的条件下，不需别人督促，都知道努力勤学，这种精神值得我们学习。

快乐学习屋

小朋友，苏秦是如何苦读的呢？你从苏秦苦读的故事中受到了什么启发呢？

匡衡苦读

知识简介

匡衡，西汉后期人，西汉经学家，官至丞相，以苦读事迹著名于世。

如饥似渴：形容要求很迫切，如同饿了急着要吃饭，渴了急着要喝水一样。

故事再现

汉朝时，少年时的匡衡，非常勤奋好学。由于家里很穷，所以他白天必须干很多活儿，挣钱糊口。只有晚上，他才能坐下来安心读书。不过，他又买不起蜡烛，天一黑，就无法看书了。匡衡心疼这浪费的时间，内心非常痛苦。

他的邻居家里很富有，一到晚上好几间屋子都点起蜡烛，把屋子照得通亮。匡衡有一天鼓起勇气，对邻居说："我晚上要读书，可买不起蜡烛，能否借用你家的一寸之地呢？"邻居一向瞧不起比他们家穷的人，就恶毒地挖苦说："既然穷得买不起蜡烛，还读什么书啊？"匡衡听后非常气愤，于是更加下定决心，一定要把书读好。

匡衡回到家中，悄悄地在墙上凿了个小洞，邻居家的烛光就从这洞中透过来了。他借着这微弱的光线，如饥似渴地读起书来，渐渐地把家中的书全读完了。

匡衡读完这些书，深感自己所掌握的知识是远远不够的，他想再多看一些书的愿望更加迫切了。附近有个大户人家，有很多藏书。

一天，匡衡卷着铺盖出现在大户人家的门前。他对主人说："请您收留我，我给您家里白干活不要报酬。只是让我阅读您家的全部书籍就可以了。"主人被他的精神所感动，答应了他借书的要求。

匡衡就是这样勤奋学习的，后来他做了汉元帝的丞相，成为西汉时期有名的学者。

精彩赏析

有的人学习，要么散乱，要么昏沉，要么随着烦恼转，情绪不稳定是最大的毛病。学习应该勤奋，不能三天打鱼两天晒网。

快乐学习屋

小朋友，匡衡向邻居借地方读书，邻居是怎么回应的？后来匡衡采取什么办法借光读书的？匡衡是如何向大户人家借书的？你从匡衡的故事中得到了什么启发呢？

车胤囊萤照读

知识简介

车胤，东晋大臣，为人公正，不畏强权。他自幼聪颖好学，学识渊博。

故事再现

车胤小时候家里很穷，尽管如此，车胤依然特别爱学习。

可是白天车胤要帮父母干活儿，哪有时间看书啊。晚上倒是有时间，可是家里哪有闲钱买油灯呢？

这天晚上，车胤看到很多萤火虫，想着萤火虫那么亮，如果把它们聚在一起，光亮亮的，这样晚上就可以看书了。他想到这里非常高兴，怎么也睡不着了，立刻起身，抓了只萤火虫到屋里试试，果然很亮，可是没有东西装萤火虫，萤火虫一下就飞了。

车胤想起母亲白天织的纱布，或许有用。他见了纱布就剪，一心只想着要做个灯，将母亲替别人刚刚织好的白纱布也剪了。

第二天早上，父亲看到满地的纱布，就把车胤大骂了一顿。车胤告诉父亲，他这样做是为了能裹住萤火虫，既不让萤火虫死自己又可以多看书。母亲听了车胤的话，觉得作为父母应该支持他。父亲于是就跟车胤道歉了，晚上还帮车胤抓了很多萤火虫。

就这样，车胤一直坚持多年勤奋读书，长大后因知识渊博，才华横

溢，闻名于世，受到朝廷的重用。

精彩赏析

　　车胤在特别困难的情况下，仍不放弃学习，采用一切能用的手段，达到读书学习的目的。他这种学习精神，值得我们每个人学习。

快乐学习屋

　　小朋友，读了这个故事，你觉得车胤身上有什么值得我们学习的品格？

司马迁作《史记》

司马迁，我国西汉伟大的史学家、思想家、文学家，著有《史记》，这部史书对后世的影响巨大。

故事再现

汉武帝时期，大将军李陵带着五千步兵跟匈奴作战，最后由于寡不敌众，李陵被匈奴逮住，投降了。

李陵投降匈奴的消息震惊了朝廷。大臣们都谴责李陵不该贪生怕死，向匈奴投降。汉武帝问太史令司马迁，想听听他的意见。司马迁说："李陵带去的步兵不满五千，打击了几万敌人。他虽然打了败仗，可是杀了这么多敌人，也可以向天下人交代了。李陵不肯马上去死，准有他的原因。他一定还想将功赎罪来报答皇上。

汉武帝听了勃然大怒，认为司马迁是在为李陵辩护，就把司马迁交给廷尉审问，把司马迁定了罪，实行了宫刑（一种肉刑）。司马迁认为受宫刑是一件很丢脸的事，他几乎想自杀。但他当时正在用全部精力写一部书——《史记》。他想：从前周文王被关在羑里，写了一部《周易》；孔子周游列国的路上被困在陈蔡，后来编了一部《春秋》；屈原遭到放逐，写了《离骚》；左丘明眼睛瞎了，写了《国语》；孙膑被

剜掉膝盖骨，写了《兵法》；还有《诗经》三百篇，这些著作，都是古人在忧愤的时候写出来的。我为何不利用这个机会把这部史书写好呢？

于是，他忍受着屈辱，编写成一百三十篇、五十二万字的巨著——《史记》。

精彩赏析

司马迁忍辱负重，完成史学巨著《史记》。当一个人处于人生的低谷时，要学会忍耐，在忍耐中等待时机，在等待中蓄积力量；一旦等到时机，就可以有一番作为。

快乐学习屋

小朋友，司马迁是如何完成《史记》的？这个故事给了你什么启发呢？

勾践灭吴

知识简介

勾践，春秋末越国国君，曾败于吴，屈服求和。后卧薪尝胆，发愤图强，终灭吴国。

吴王夫差，春秋末期吴国国君，励精图治，大败勾践，使吴国达到鼎盛。

故事再现

吴国跟附近的越国素来不和。吴王阖闾临死时对儿子夫差说："不要忘记报越国的仇。"夫差记住这个嘱咐，辛勤操练兵马。过了两年，吴王夫差率领大军攻打越国。

越王勾践派大军去跟吴军作战。结果越军大败，没有办法，勾践只能向吴王夫差求和。吴王夫差答应求和，但是要勾践亲自到吴国去。

勾践带着夫人到了吴国，夫差让他们夫妇俩给他喂马。夫差每次坐车出去，勾践就给他拉马，这样过了两年，夫差认为勾践真心归顺了他，就放勾践回国。

勾践回到越国后，唯恐眼前的安逸消磨了志气，就在吃饭的地方挂上一个苦胆，吃饭时要先尝一尝苦味，还问自己："你忘了会稽的耻辱吗？"他还把席子撤去，用柴草当作褥子。这就是"卧薪尝胆"的由来。

勾践决定要使越国富强起来，于是他亲自参加耕种，叫夫人织布来

鼓励生产；自己虚心听取别人的意见，救济贫苦的百姓。在勾践的发愤努力下，越国民富兵强，后来终于打败了吴国，洗刷了耻辱。

精彩赏析

　　勾践破吴的故事告诉我们，生活中遇到磨难不应该放弃，更不能抱怨生活的不公，而要忍辱负重，循序渐进，持续努力，这样必将取得一番成绩！

快乐学习屋

　　小朋友，越王勾践在被吴王夫差打败之后是怎么做的？这个故事给了你什么启发？

陆逊守荆州

知识简介

陆逊，本名陆议，字伯言，吴郡吴县（今江苏苏州）人。三国时期吴国重臣，官至丞相、荆州牧、右都护。

故事再现

公元219年，孙权命吕蒙为主帅偷袭荆州，驻守荆州的关羽败走麦城，突围时中了埋伏，被害。公元221年，刘备亲率大军攻打东吴，想夺回荆州，并为义弟关羽报仇。

孙权任命陆逊为大都督，率领五万兵马迎战。第二年年初，刘备的军队直抵夷陵（今湖北宜昌），并驻扎在长江南岸，声势十分浩大。

陆逊见蜀军占据有利地形，便坚守不出，对面的蜀军天天嘲骂他是缩头乌龟，手下的将领也都认为他胆小怕战，不敢出兵。

一次，陆逊召集众将议事，手按宝剑说："刘备，乃天下枭雄，连曹操都畏惧他三分。现在，他带兵来攻，是我们的大敌。我虽然是一介书生，但主上拜我为大都督，统率军队，我应当忠于职守。之所以委屈诸位听从我的命令，是因为我对国家还有些用处，能够忍受委屈、负担重任。军令如山，违令者将按军法处置，大家切勿违反！"

听了陆逊的这番话后，众将领都不敢不听从他的指挥。这样，吴军

一直坚守不战，维持了七八个月。直到蜀军被拖得疲惫不堪，吴军借助顺风施行火攻，最后取得了胜利。

精彩赏析

作为带兵打仗的将军，看准时机是基本才能。陆逊不轻易出兵，忍受蜀军的嘲骂和手下将领的误解，这只是忍一时之辱，等待合适的时机一举出战，获得胜利。

快乐学习屋

小朋友，陆逊不出兵时，蜀军和他手下的将士是怎么看待他的？他又是怎么面对这些的？你从这个故事里明白了什么道理？

两小儿辩日

《论语》主要记录孔子及其弟子的言行，反映了孔子的思想，是儒家学派的经典著作之一。

故事再现

有一回，孔子到齐国去，路上看见两个小孩争论。孔子就问："你们在争论什么呀？"

一个孩子说："我们在争论太阳什么时候离我们最近。我说早上近，他说中午近。你说说是谁对呢？"孔子想了一会儿说："这个问题我过去没有考虑过，不敢随便乱说，你们先讲讲各自的理由吧。"

这个孩子抢着说："你看，早上的太阳又大又圆，可到了中午，太阳就变小了。谁都知道：近的东西大，远的东西小。"另一个孩子接着说："他说得不对，早上的太阳凉飕飕的，一点也不热，可中午的太阳却像开水一样烫人，这说明中午的太阳近。"说完，两个孩子看着孔子，说："你来评评谁对吧。"

这可难住了孔子，他反复想了半天，还是觉得两个孩子说得都有道理，实在分不清谁对谁错。于是他老老实实地承认："这个问题我回答不了，以后我向更有学问的人请教一下，再来回答你们吧。"子路说：

"您随便讲点什么，就能把他们镇住。"

孔子说："不，如果不是老老实实承认自己不懂，怎么能听到这番有趣的道理。在学习上，我们知道的就说知道，不知道的就说不知道。只有抱着这种诚实的态度，才能学到真正的知识。"

精彩赏析

"在学习上，我们知道的就说知道，不知道的就说不知道。只有抱着这种诚实的态度，才能学到真正的知识。"孔圣人尚且如此，我们更应该诚实地面对自己和他人。

快乐学习屋

小朋友，两个小孩在争论什么呢？孔子说出来他们谁是谁非了吗？你从中明白了什么道理呢？

李白题诗

知识简介

李白，号青莲居士，他与杜甫并称"李杜"。有《李太白集》传世。

故事再现

黄鹤楼建成后，诗人崔颢游览后即兴赋了一首诗："昔人已乘黄鹤去，此地空余黄鹤楼。黄鹤一去不复返，白云千载空悠悠。晴川历历汉阳树，芳草萋萋鹦鹉洲。日暮乡关何处是，烟波江上使人愁。"

这首诗意境美妙，可是当时崔颢名气不大，因此，诗虽好，但没有人赏识。

又一年，"诗仙"李白来到黄鹤楼，见风景优美，诗兴大发，饱蘸浓墨提笔欲写时，忽然看到墙上崔颢的诗，他当场愣住，随即连连称赞："好诗！好诗！"接着，长叹一声，搁笔不写。围观的人都询问为什么。只见李白叹了口气："眼前有景道不得，崔颢题诗在上头！"

由于李白的推崇，崔颢的诗一下子出了名，黄鹤楼也随着崔颢的诗名传四方。

尽管李白十分赞叹崔颢的这首诗，但是他并不甘心，总想找机会写一首诗和崔颢的这首《黄鹤楼》媲美。后来，李白在游金陵凤凰台时，用崔颢这首诗的韵写下了《登金陵凤凰台》一诗："凤凰台上凤凰游，

凤去台空江自流。吴宫花草埋幽径，晋代衣冠成古丘。三山半落青天外，二水中分白鹭洲。总为浮云能蔽日，长安不见使人愁。"

李白的这首诗后来也成了历代传诵的名作。

精彩赏析

李白对崔颢的诗赞叹不绝，并决定搁笔不写，这表现了他的谦虚，也表现了他的诚恳；而当他来到凤凰台时，他用崔颢这首诗的韵写下了《登金陵凤凰台》一诗，又展现了他的好胜与自信。

快乐学习屋

小朋友，李白为何说"眼前有景道不得"？他在凤凰台又作了一首什么样的诗呢？崔颢的诗和李白的诗，你更喜欢谁的诗呢？这个故事对你有什么启发呢？

柳公权苦练书法

知识简介

柳公权，字诚悬，唐代著名书法家、诗人，自创"柳体"书。

故事再现

唐朝有位著名书法家叫柳公权，从小就显示出在书法方面的过人天赋，他写的字远近闻名。有一天，柳公权和几个小伙伴举行"书会"。这时，一个卖豆腐的老人看到他写的几个字"会写飞凤家，敢在人前夸"，觉得这孩子太骄傲了，便皱皱眉头，说："这字写得并不好，好像我的豆腐一样，没筋没骨，还值得在人前夸吗？"小公权一听，很不高兴地说："有本事，你写几个字让我看看。"

老人爽朗地笑了笑，说："不敢，不敢，我是一个粗人，写不好字。可是，有人用脚都写得比你好得多呢！不信，你到华京城看看去吧。"

第二天，小公权五更就起了，独自去了华京城。一进华京城，就看见一棵大槐树下围了许多人。他挤进人群，只见一个没有双臂的黑瘦老头赤着双脚，坐在地上，左脚压纸，右脚夹笔，正在挥洒自如地写对联，笔下的字迹似群马奔腾、龙飞凤舞，博得围观的人们阵阵喝彩。

小公权"扑通"一声跪在老人面前，说："我愿意拜您为师，请您

告诉我写字的秘诀……"老人慌忙用脚拉起小公权说:"我是个孤苦的人,生来没手,只得靠脚巧混生活,怎么能为人师表呢?"小公权苦苦哀求,老人才在地上铺了一张纸,用右脚写了几个字:"写尽八缸水,砚染涝池黑;博取百家长,始得龙凤飞。"

柳公权把老人的话牢记在心,从此发奋练字。手上磨起了厚厚的茧子,衣肘补了一层又一层。经过苦练,柳公权终于成为一代书法大家。

精彩赏析

小柳公权书法上有一些天赋,不免有些骄傲,殊不知天外有天,人外有人,幸好柳公权本质是个谦虚之人,天资聪颖且知晓吃得苦中苦,方为人上人的道理,在受到无臂老人的刺激后,发奋练字,终于成为一代名家。

快乐学习屋

小朋友,小公权看到老人用脚写的字后做了什么?如果他就此放弃还会有今天的成就吗?这个故事对你有什么启发呢?

大禹治水

禹，后世尊称大禹。他是我国传说时代与尧、舜齐名的贤圣帝王，他最卓著的功绩，就是历来被传颂的治理滔天洪水，又划定中国国土为九州。

在远古时代，洪水泛滥，人们经常受到洪涝的侵害。在尧帝当政时，又发生了一场可怕的洪水灾害：大地上一片汪洋，房屋被冲塌，田地被淹没，人们到处漂泊逃难。尧看到人民如此受苦，就派鲧去治理洪水。鲧带领大家治水，结果一无所成。

尧看鲧治水毫无起色，就命令鲧的儿子禹去治水。

禹认真总结了父亲失败的经验教训，认为父亲用堵的办法是行不通的，于是大胆地设想了一个与父亲背道而驰的治水方案——疏通河道，顺其流势，将水引走。

方案制定以后，禹走遍天下，查清地势，探明河道，引水下流。他带领大批助手，风餐露宿，用石斧、石刀等简陋的工具挖河修堤。他的手上长满了老茧，脚底长满了脚垫，脸也顾不得洗，经常蓬头垢面。由于长年累月地泡在水里，他的脚趾甲都脱落了。

为了治水，禹到了30岁还没有结婚，后来和一个叫女娇的姑娘结

婚，结婚没几天，他就告别新婚妻子，忙于治水了。

大禹治水 13 年，三次经过家门都没顾得上进门看一看。最终，历经千难万险战胜了洪水，使百姓能安居乐业。禹因为治水有功，被舜立为君位的继承人，成了夏朝的第一个君主，所以，历史上称他为夏禹或大禹。

精彩赏析

大禹为了治理洪水，"三过家门而不入"，表现了他公而忘私、把个人的一切献身于为人民造福的事业之中的崇高精神。他的智慧、勇敢、奉献、坚毅不屈的精神值得我们每个人学习。

快乐学习屋

小朋友，大禹的父亲是谁，他是如何治水的？大禹治水的方法和他父亲有什么不同呢？你是如何看待大禹"三过家门而不入"这件事的？

祖逖避难

祖逖，东晋军事家，是中国东晋初有志于恢复中原而致力于北伐的大将。他为人豁落，讲义气，好打抱不平，深得当时的人好评。

东晋时期，有一个叫祖逖的人，天性无拘无束，度量很大，把钱财看得很轻，喜欢做侠义的事情。每到种田人家去，都假称是他哥哥的意思，把谷米和绸布分给贫苦的人。

有一年，京师里发生了战乱，祖逖不得已带着几百户人家，包括他的亲戚和邻居，一起迁徙到淮泗这个地方。一路上，他总是把车马让给年长的人坐，他自己徒步行走。还把家里所有的财物、药品统统拿出来给大家用，就这样一路照顾所有人。

在这次避难的过程中，祖逖时时为所有人的生活着想，教他们如何去耕作，如何才会有好的收获。遇到一些骨骸（因为战乱时代，常常会有很多尸骨），祖逖就组织大家把这些骨骸埋好，还办了一些祭祀的活动。他的行为令老百姓很感动。

当时晋元帝听说了他的事迹，很敬佩他的德行，所以封给他一个官职。他做官也很好，胸怀壮志，抱着一个信念，一定要把国家失去的疆

土再夺回来。果然，在他一生当中，晋朝很多土地失而复得。

有一次，大家在一起吃饭的时候，很多长者说："我们年纪都老了，能够遇到祖逖，就好像自己的再世父母一样，我们死而无憾。"祖逖这种仁义之心，不知道感动了多少平民百姓，所以，祖逖去世的时候，百姓就好像失去了父母那样悲痛。

精彩赏析

以仁爱之心爱护他人，自然也会得到他人的爱戴与尊敬。祖逖爱护老百姓，老百姓也深深地敬爱他。

快乐学习屋

小朋友，祖逖带领大家逃难时，做了哪些让老百姓感动的事？祖逖去世时，为什么大家会像失去父母那样悲痛？

李九我策马三鞭

知识简介

贻累：留下负担、包袱，指招致祸害。

左右为难：左也不好，右也不是。形容无论怎样做都有难处。

故事再现

明朝万历年间，泉州府晋江县出了一个宰相，名叫李廷机，号九我，民间称他李相国。

李九我做宰相后，皇帝钦赐他在家乡建造一座相府。诏书上说让他骑马加鞭三次，以所及之地为相府建造范围。不难想象，这应当是一座十分宏大的府第。

李相国接了圣旨之后，却很忧虑：如果遵旨建造相府，必然要占用大片民田，苦了百姓，必定会招致民怨，他日难免贻累子孙后代。但是，圣旨已下，如果不遵旨而行，就有欺君之罪！真是左右为难。

一天，他踱到村口，忽然，榕树下传来几声马叫，他看见那拴在树干上的马儿，好像得到什么启示，不觉微笑点头，然后返回家中，吩咐家丁备马圈地。

一会儿，只见相府家丁牵来一匹白马，把马拴在树干上。李相国手执一根细长的鞭子，跨上马背，往马背上抽了三鞭。那拴着的白马叫了

几声，原地腾跃几下。李相国郑重地宣布：遵照皇上旨意，已经策马三鞭，所及之地，就是相府建造的范围了。

围观的乡民们恍然大悟，都称赞李相国爱民的深情。

相府落成了，使臣一到李九我家乡一看，相府竟是一座一厅两房的普通房宅，不胜惊异，后来问知缘由，回朝如实奏闻。皇帝素知李九我的为人，闻奏不觉动容，感其用心良苦，嘉其操守清廉。此事在朝野上下传为佳话，泉州民间更是世代相传。

精彩赏析

李九我策马三鞭建相府，展示了李九我一心为公、爱民恤民、不徇私利的高尚情怀。他没有将个人的利益凌驾于百姓利益之上，是为"仁爱"。

快乐学习屋

小朋友，李九我是如何完成皇帝的"三鞭"的旨意的？你从这个故事里明白了什么道理？

王烈以德感人

中华传统美德故事

知识简介

惭愧：对自己的过失感到内疚、后悔。

平素：平时、向来，指往常的情事。

故事再现

三国时的王烈，字彦方，是个读书人，青年时曾在陈实门下学习，他多次帮助乡亲，乡亲们都说他品德高尚，经常称赞他。

有一次，乡里有个盗牛的人被主人抓住了，盗犯向牛主人认罪，说："判刑杀头我都心甘情愿，只求您一件事，千万不要让王烈知道这件事。"牛主人答应了他。过了一段时间，王烈还是听说了这件事，就派人去看望盗牛人，还送给他半匹布。

有人问王烈为什么这么做？王烈说："盗牛人怕我知道他的过错，说明他有羞耻之心。他已经心怀羞耻，一定能够改正错误，我这样做正是为了鼓励他改过。"

后来有个老汉在路上丢了一把剑，一个过路人见到后就守候在剑旁，直到傍晚，老汉回来寻剑，失而复得，觉得奇怪，便询问他的姓名，并将这件事告诉了王烈。王烈派人查访守剑人是谁，原来就是那个盗牛的人。

乡里百姓，凡有争讼曲直的事件，都去请求王烈排难解纷，断定是非，由于王烈平素德教影响，有的走到半途，忽然愿意放弃争执，双方和解而回来的；有的望见王烈的屋舍，就感到惭愧，彼此相让而回来的。可见，王烈盛德感化之深，已远胜刑罚的力量。

精彩赏析

王烈知道偷牛的盗犯有羞耻心，便鼓励盗犯改正错误，使他成为一个善良的、乐于助人的人，这样的教化效果，正是由于王烈有一颗仁爱之心。

快乐学习屋

小朋友，盗牛人向牛主人认罪时，向牛主人请求了什么？王烈是如何对待盗牛人的？后来盗牛人转变成了什么样的人？为什么会有这样的转变？你从这个故事里懂得了什么道理？

宋太宗雪中送炭

宋太宗赵光义，宋朝的第二位皇帝。本名赵匡义，后因避其兄太祖讳改名赵光义。在位期间，采取了一系列顺应历史潮流的施政措施，为宋朝的稳定作出了重要贡献。

宋太祖的弟弟宋太宗赵匡义，年轻的时候，曾跟宋太祖一起打过天下，深切地知道江山得来不易。因此，他当皇帝的时候，特别爱护老百姓！

有一年冬天，天气特别寒冷，到处是深厚的积雪，宋太宗在皇宫里穿着龙袍，披着貂皮大衣，烤着炭火还觉得寒气逼人。他命人拿来美酒，借酒来驱寒。一杯酒还没喝完，他就想到了一个问题：我住在皇宫里，披着貂皮，烤着炭火还觉得冷，那些缺衣少食的贫苦百姓，他们又没有炭火烤，不知道会被冻成什么样子呢？我必须想点办法帮助他们解决一些实际问题。

想到这里，他马上找来开封府尹，对他说："现在天寒地冻，我们这些有吃有穿有火烤的人都觉得冷，那些缺衣少食的老百姓肯定更加受不了，你们马上带上衣服和木炭替我去问候他们，帮他们迅速解决燃眉

之急。"

开封府尹接到圣旨，马上带领他的随从，准备好衣服、粮食和木炭，挨家挨户送到百姓手里。那些有困难的百姓非常感激，都称宋太宗是雪中送炭！

精彩赏析

在我们的生活和学习中，当别人遇到困难的时候，我们要及时地给予他们帮助。在别人最需要帮助的时候，伸出援助之手，才能解决别人的燃眉之急。

快乐学习屋

小朋友，宋太宗在皇宫喝酒时想到了什么问题？他是怎么解决这个问题的？你从这个故事里得到了什么启发？

楚庄王"绝缨宴"

知识简介

楚庄王，春秋时期楚国国君，公元前613—前591年在位，"春秋五霸"之一，曾称霸中原，威名远扬。

故事再现

楚庄王一次平定叛乱后大宴群臣，宠姬嫔妃也统统出席助兴。席间丝竹声响，轻歌曼舞，美酒佳肴，觥筹交错，直到黄昏仍未尽兴。楚庄王乃命点烛夜宴，还特别叫最宠爱的两位美人许姬和麦姬轮流向文臣武将们敬酒。

忽然一阵疾风吹过，宴席上的蜡烛都熄灭了。这时一位官员斗胆拉住了许姬的手，拉扯中，许姬撕断衣袖得以挣脱，并且扯下了那人帽上的缨带。许姬回到楚庄王面前告状，让楚王点亮蜡烛后查看众人的帽缨，以便找出刚才那个无礼之人。

楚庄王听完，却传令不要点燃蜡烛，而是大声说："寡人今日设宴，与诸位务必要尽欢而散。现请诸位都去掉帽缨，以便更加尽兴饮酒。"

听楚庄王这样说，大家都把帽缨取下，这才点上蜡烛，君臣尽兴而散。席散回宫，许姬怪楚庄王不给她出气。楚庄王说："此次君臣宴

饮，皆在狂欢尽兴，融洽君臣关系。酒后失态乃人之常情，若要究其责任，加以责罚，岂不大煞风景？"许姬这才明白楚庄王的用意。

这就是历史上著名的"绝缨宴"。

七年后，楚庄王伐郑。一名战将主动率领部下先行开路。这员战将所到之处拼力死战，大败敌军，直杀到郑国国都之前。战后楚庄王论功行赏，才知其名叫唐狡。他表示不要赏赐，坦承七年前宴会上那个无礼之人就是自己，今日此举全为报七年前不究之恩。

精彩赏析

楚庄王宽以待人，饶恕了在宴会上对许姬无礼的臣子唐狡，最后得到唐狡的拼死相报。以仁爱之心待人、心胸开阔地与人相处，终能赢得人心。

快乐学习屋

小朋友，酒宴上忽然发生了什么事？楚庄王为什么要让大家都把帽缨取下来？唐狡为什么在战场上拼力死战而不要赏赐？你从这个故事里明白了什么道理？

不为良相，便为良医

知识简介

范仲淹，北宋著名文学家、政治家、军事家、教育家。

襁褓（qiǎng bǎo）：襁指婴儿的带子，褓指婴儿的被子。现在以此借指未满周岁的婴儿。

故事再现

宋朝宰相范仲淹，字希文，苏州吴县（今江苏苏州）人。他出生的第二年，父亲就不幸逝世了。

范家失去了生活来源，范仲淹之母谢氏贫而无依，只好带着尚在襁褓中的范仲淹改嫁山东淄州长山县一户姓朱的人家。从此，范仲淹改姓名叫朱说，在朱家长大成人。

范仲淹从小读书就十分刻苦，一心想要济世救人。他读书的时候，白天晚上都很用功。五年中，他没有脱去衣服上床睡觉，有时夜里感到昏昏欲睡，就用凉水浇在脸上。他常常是白天苦读，什么也不吃，直到日头偏西才吃一点东西。就这样，范仲淹领悟了六经的主旨，立下了造福天下的志向。他一直提醒自己："先天下之忧而忧，后天下之乐而乐。"

有一次，他遇到一个算命先生，问道："我以后能不能当宰相？"

算命先生说："小小年纪，口气是不是有点太大了？"

范仲淹有点不好意思地说："那你看我可不可以当医生？"

算命先生很好奇，怎么两个志愿相差这么大？就问范仲淹为什么。

范仲淹回答说："唯有良医和良相可以救人。"算命先生说："你有这颗存心，真良相也。"

精彩赏析

能为天下百姓谋福利的，莫过于做宰相；既然做不了宰相，能以自己的所学惠及百姓的，莫过于做医生。范仲淹的仁爱精神值得我们每个人学习。

快乐学习屋

小朋友，范仲淹学习时一直用哪句话提醒自己？他的两个志愿分别是什么？你是如何看待他的这两个志愿的？

郑板桥的吃亏是福

知识简介

郑板桥，清代著名书画家、诗人，"扬州八怪"之一。他还是著名的清官，爱护百姓，最后为了百姓而罢官回乡，从此以书画安度晚年。

故事再现

郑板桥一生中为人处世，始终不求名利，不计得失。他写过两个著名的字幅，就是流传至今的"难得糊涂"和"吃亏是福"，其中，"吃亏是福"这个字幅还蕴含着一个小故事呢。

郑板桥的弟弟郑墨在家务农，忽然有一天，郑板桥收到了弟弟的一封来信。弟兄俩经常通信，然而这一次来信却非同寻常，原来，郑家与邻居的房屋共用一墙，郑家想翻修老屋，邻居干预，说那墙是他们祖上传下来的，不是郑家的，郑家无权拆墙。

其实，这契约上写得清清楚楚，那堵墙是郑家的，邻居借光盖了房子。为了这堵墙，官司打到县里，依然没有结果，郑墨越想越难过，感觉太受欺负了，心里的怨恨实在难以平复。于是想到了在外做官的哥哥，他觉得有契约在，再加上哥哥出面说情，这官司就赢定了。

郑板桥知道此事后觉得很不自在，考虑再三，写了一封劝弟弟息事宁人的信，同时寄去了一个条幅，上面写着"吃亏是福"四个大字。同

时又给弟弟另附了一首打油诗：

千里告状只为墙，让他一墙又何妨。

万里长城今犹在，不见当年秦始皇。

郑墨接到信后羞愧难当，当即撤了诉状，向邻居表示再不相争。那邻居也被郑家兄弟的一片至诚所感动，表示也不愿意继续闹下去。于是两家又重归于好，仍然共用一墙。这在当地一直传为佳话。

精彩赏析

郑板桥的"吃亏是福"这个字幅含有深刻的哲理，在一些无关原则的小事上，抱着难得糊涂、吃亏是福的态度主动退让，吃一时的小亏，换来长久的和谐安宁也是很值得的事。

快乐学习屋

小朋友，郑板桥收到弟弟的来信之后是如何处理的呢？你认为他的这种做法对吗，为什么？你从郑板桥的这个故事中明白了什么道理呢？

曹参宽厚待人

知识简介

曹参，西汉开国功臣，名将，身经百战，屡建战功。刘邦称帝后，对有功之臣，论功行赏，曹参功居第二，赐爵平阳侯，仅次于萧何。

故事再现

曹参是历史上有名的贤相之一，他宽厚待人不计小过的作风，受到很多人的赞赏。他不计较官员的一些没有多大利害关系的小过错，因此，在曹参相府工作的官员都能够心态平和轻松愉快地工作，团结合作。

曹参家的后花园紧挨着下级官吏的住处。在这些官吏的住处，每天都有一批又一批的人来喝酒唱歌，高兴了还猜拳呼叫，大吵大闹，有时候日夜不息。丞相府中的办公人员备受干扰都非常恼火，可是屡次劝说他们就是不听，因此也拿他们没有办法，于是他们商量着，想让曹参来亲自过问此事，借助曹参的威望一劳永逸地平息这件事。

一天，他们听到下级官员正在喝酒唱歌，大呼小叫之时，就邀请曹参到后花园游玩，那些喝醉酒的下级官员风闻曹参到后花园游玩，立即止住了声音，战战兢兢的，毕竟这种做法确实有点过分了，让丞相知道也不好。一时间，一些人以为可以一解心头之恨，从此能过上清静的生活；另一些人为自己的所作所为等待丞相的处置。

聪明的曹参看到这个场面就明白了一切，但是他假装对这些毫不知情，不但对那些喝酒吵闹的家伙并不理会，反而让手下的人也取酒来在后花园摆开了酒席，要与大家一同开心快乐。

曹参与手下人一边开怀痛饮，一边带头唱歌并高声呼叫，与那边喝醉酒的官吏呼应对唱。整个气氛顿时活跃起来，大家之间的怨气顿消，而且还在痛饮之后都成了朋友。

精彩赏析

曹参不仅化解了下属官员之间的矛盾，同时也增进了他们之间的友情，有利于整个相府工作人员的团结与合作。这个故事提醒我们在日常生活中要宽厚待人，不计小过，这样才能彼此相处融洽。

快乐学习屋

小朋友，在这个故事中，曹参是如何处理下属官员喝酒吵闹的问题的？你如何看待他的这一做法？你从这个故事中学到了什么呢？

闵子骞单衣顺母

闵子骞，春秋末期鲁国人，孔子高徒，在孔门中以德行与颜回并称，为七十二贤人之一，是中华民族文化史上的先贤人物。

故事再现

春秋时代，有个人叫闵子骞。他的母亲去世比较早，父亲娶了继母，又生了两个弟弟。继母不喜欢他，经常虐待他。

一年冬天，继母用芦花给他做衣服，而给两个弟弟做的是棉衣服。用芦花做的衣服看起来很蓬松，但却不保暖。刚好他父亲带他外出，他驾马车走到萧县车牛回村时，因为天气过于寒冷，冷风飕飕，衣服又不保暖，因此他被冻得瑟瑟发抖。父亲看了以后很生气，衣服已经穿得这么厚了还在发抖，这是不是有意要诋毁继母。一气之下，就拿起鞭子抽打闵子骞。结果马鞭子一打下去，衣服破了，芦花飞出来，父亲这才明白，原来是妻子虐待自己的孩子，所以很生气。

回到家里，决定把妻子休掉。

可是闵子骞觉得不能因为这样一件小事就休掉继母，于是他跪下来对自己的父亲说："父亲，请你不要赶走母亲，毕竟还有两个小弟弟呀！有母亲在的时候，只有我一个人寒冷，如果母亲走了，我和两个弟

弟都会挨饿受冻。"

在这种情况下，闵子骞还能想到兄弟和家庭的欢乐。这份真诚让他的父亲怒气尽消；这份真诚让他的继母生起惭愧之心。闵子骞这份宽容转化了家庭的恶缘，使家庭从此变得幸福快乐。

精彩赏析

闵子骞情愿自己一个人挨冻，也不愿意继母离开后让两个弟弟挨冻，于是哀求父亲不要赶走继母。只有宽广的心胸才能容忍这样的继母，闵子骞不愧为民族先贤。

快乐学习屋

小朋友，继母给闵子骞和两个弟弟做的棉衣有何不同？父亲决定休掉继母时，闵子骞为什么向父亲求情？闵子骞这样做产生了什么效果？你认为闵子骞身上有什么品质值得我们学习？

陈实与梁上君子

知识简介

陈实，东汉时期官员、学者，以清高有德行闻名于世。

故事再现

东汉的时候，有一个人叫陈实。每次别人遇到什么纷争，都会请陈实出来主持公道，因为大家都知道陈实是一个忠厚诚恳的人。

有一年，陈实的家乡闹饥荒，很多人都找不到工作，有的人就到别的地方去工作，也有些人因为没有工作做，于是变成了小偷，专门去偷别人的东西！

有一天晚上，有一个小偷溜进陈实的家，准备等陈实睡觉以后偷东西。这个小偷不知道其实陈实早已发现他躲在屋梁上面，却假装没看到，依然安静地坐在客厅里喝茶。

过了一会儿，陈实把全家人都叫到客厅，对着大家说："你们知道，人活在世界上只有短短的几十年，如果我们不好好把握时间去努力，等我们老了以后再努力就来不及了。所以，我们应该从小就要养成努力向上的好习惯，长大以后才能为国家作出贡献！当然，也有一些不努力的人，只喜欢享受，这些人的本性并不坏，只是他们没有养成好的习惯，才会做出一些危害社会的坏事情，比如梁上的这位君子。"

小偷一听，吓得赶快从屋梁上爬下来，说："陈老爷，对不起！我知道错了，请您原谅我！"陈实不但没有责骂小偷，反而非常慈祥地对小偷说："我看你不像是一个坏人，可能是因为生活困苦所逼，我现在给你一些钱，你不要再去偷东西了，好好努力，你会成为一个有用的人的！"小偷备受感动，哭着对陈实说："谢谢陈老爷！我一定会好好努力的！"后来，这个小偷果然把自己的坏习惯改掉，努力做事，成为一个大家都称赞的好青年！

精彩赏析

陈实明知道小偷在家，没有兴师动众地捉拿他，而是用言行感化他，使他从一个小偷变成一个好青年，这告诉我们，为人要宽容待人，要给别人改正错误，重新做人的机会。

快乐学习屋

小朋友，陈实发现小偷躲在屋梁上后，都做了些什么？小偷认错后，陈实是怎么做的？你从这个故事里明白了什么道理呢？

狄仁杰气量大

狄仁杰，字怀英，唐代杰出的政治家。他从小勤奋好学，后来做了丞相，为官刚正不阿，执法严明，朝野上下都很尊敬他。

故事再现

狄仁杰是唐代武则天时期的一代名相，他在当豫州刺史时，办事公正，执法严明，受到当地百姓的称赞。于是，武则天把他调回京城，任命为宰相。

有一天，武则天对狄仁杰说："听说你在豫州的时候，名声很好，政绩突出，但也有人揭你的短，你想知道是谁吗？"

狄仁杰说："人家说我的不好，如果确是我的过错，我愿意改正。如果陛下已经弄清楚不是我的过错，这是我的幸运。至于是谁在背后说我的不是，我不想知道，这样大家可以相处得更好些。"

武则天听了，觉得狄仁杰气量大，胸襟宽，很有政治家风度，于是更加赏识他，敬重他，尊称他为"国老"，还赠给他紫袍色带，并亲自在袍上绣了12个金字——"敷政术，守清勤，升显位，励相臣"，以表彰他的功绩。

后来，狄仁杰因病去世，武则天流着泪说："上天过早地夺去了我

的国老，使我朝堂里没有像他那样的人才了。"

狄仁杰生前曾长期在洛阳做官，居住在尚贤坊。武则天感念其德，下旨狄仁杰死后葬在洛阳，让他享受自己治地百姓的爱戴和香火，其墓就在今洛阳白马寺附近，以此来显示狄仁杰的贤德。

精彩赏析

狄仁杰的气量堪称"宰相肚里能撑船"的典范。气量与胸襟都是人格贤善的基石，学会公正地看待流言，往往是成长的必经之路！

快乐学习屋

小朋友，武则天问狄仁杰想不想知道谁在背后说他的坏话，他是怎么回答的？武则天是如何看待他的回答的？读了这个小故事，你明白了什么道理？

齐桓公用人有雅量

知识简介

齐桓公，春秋时代齐国第十五位国君，"春秋五霸"之首。

公子：古称诸侯的儿子。

故事再现

春秋时期，齐国国君齐襄公被杀。齐襄公有两个兄弟，一个叫公子纠，当时在鲁国（都城在今山东曲阜）；另一个叫公子小白，当时在莒国（都城在今树东莒县）。两个人身边都有个师傅，公子纠的师傅叫管仲，公子小白的师傅叫鲍叔牙。两个公子听到齐襄公被杀的消息后，都急着要回齐国争夺君位。

在公子小白回齐国的路上，管仲早就派好人马拦截他。管仲拉弓搭箭，对准公子小白射去。只见公子小白大叫一声，倒在车里。

管仲以为公子小白已经死了，就不慌不忙护送公子纠回齐国。怎知公子小白是诈死，等到公子纠和管仲进入齐国国境，公子小白和鲍叔牙早已抄小道抢先回到了国都临淄，公子小白当上了齐国国君，即齐桓公。

齐桓公即位以后，即发令要杀公子纠，并把管仲送回齐国治罪。

管仲被关在囚车里送到齐国。鲍叔牙立即向齐桓公推荐管仲。

齐桓公气愤地说："管仲拿箭射我，要我的命，我还能用他吗？"

鲍叔牙说："那会儿他是公子纠的师傅，他用箭射您，正是他对公子纠的忠心。论本领，他比我强得多。主公如果要干一番大事业，管仲可是个用得着的人。"

齐桓公也是个豁达大度的人，听了鲍叔牙的话，不但不治管仲的罪，还立刻任命他为相，让他管理国政。

管仲帮着齐桓公整顿内政，开发富源，大开铁矿，多制农具，后来齐国变得越来越富强。

精彩赏析

齐桓公用大胆起用"仇人"管仲，结果"仇人"帮他缔造了盛世江山。这个故事告诉我们，宰相肚里能撑船，唯有宽容的人才能成就一番伟业。

快乐学习屋

小朋友，齐桓公和管仲之间到底有什么仇怨呢？齐桓公为何最终决定任用管仲呢？你从这个故事中得到什么启发呢？

宽宏大量的成吉思汗

　　成吉思汗，名铁木真，蒙古族。世界历史上最伟大最杰出的政治家、军事家。在位期间，征服地域西达黑海海滨，东括几乎整个东亚，为世界历史上著名的横跨欧亚两洲的大帝国之一。

　　成吉思汗不仅胸襟宽阔，有雄才大略，而且善于用人；尤其是用人不计恩怨，更是令人称道。

　　成吉思汗在早期的统一活动中，曾联合另一个部落首领札木合，但成吉思汗势力的强大渐渐引起了札木合的敌视。双方首先爆发了有名的"十三翼之战"，成吉思汗在这次战役中遭到失败，但由于札木合的残暴及成吉思汗的宽宏大量，札木合的一些部众反而投向成吉思汗。

　　1201 年，札木合联合泰赤乌等部落又向成吉思汗发动了更为激烈的进攻。成吉思汗联合克烈部的王军奋力还击，结果获胜。这次战役之后，成吉思汗收降了大批泰赤乌的部众。这批人投附后，大多得到重用，如勇将哲别则成为成吉思汗的著名战将。

　　关于对哲别的任用，充分体现了成吉思汗不计恩怨的用人作风。

　　在大战胜利的第二天，成吉思汗对泰赤乌的旧部说："大军在阔亦

田对峙时，从山岭上射来一支箭，把我的战马锁子骨射断了，是谁从山上射的？"

哲别说："是我从山上射的，如今可汗若要我死，不过污染手掌大的一块土地；若被恩赦，愿在可汗面前横渡深水，冲碎坚石，在让我前去的地方，愿把黑色的磐石给你冲碎。"

成吉思汗说："凡曾是敌对的，都要把自己所杀的和所敌对的隐藏起来，因惧怕报复而讳其所为，这个人却把所杀的和所敌对的事，不加隐讳地告诉我，是值得做友伴的人。"

哲别后来为成吉思汗南征北战，四处冲杀，屡立战功，成为成吉思汗建立蒙古帝国的得力助手。

精彩赏析

善于用人，不计恩怨，大胆任用曾是敌对阵营的人，使成吉思汗获得了很多人才。这个故事告诉我们要心胸宽广，去接纳那些反对过自己的人，并从他人身上学习好的品质。

快乐学习屋

小朋友，成吉思汗面对曾经反对过自己的人是如何做的呢？你从这个故事中明白了一个什么道理呢？

廉颇和蔺相如

知识简介

蔺相如，战国时赵国上卿（相当于后来的宰相），著名的政治家、外交家。

廉颇，战国时期赵国杰出的军事家，名将，与白起、王翦、李牧并称"战国四大名将"。

故事再现

战国时候，赵国的蔺相如到秦国去交涉，凭着机智和勇敢，给赵国争了光。赵王看蔺相如这么能干，就封他为"上卿"。

赵王看重蔺相如，可气坏了赵国的大将廉颇。他想：我为赵国拼命打仗，蔺相如光凭一张嘴，地位倒比我还高！他越想越不服气，怒气冲冲地说："我要是碰着蔺相如，要当面给他点儿难堪！"

廉颇这话传到了蔺相如耳中。蔺相如立刻吩咐他手下的人，以后要是碰着廉颇手下的人，千万要让着点儿。

蔺相如手下的人就跟蔺相如说："您的地位比廉将军高，您反而躲着他，让着他，他越发不把您放在眼里啦！"

蔺相如问他们："廉将军跟秦王相比，哪一个厉害呢？"大伙儿说："那当然是秦王厉害。"蔺相如说："对呀！我见了秦王都不怕，难道还怕廉将军吗？要知道，秦国现在不敢来打赵国，就是因为国内文

官武将一条心。我们两人要是不和，这就给秦国制造了进攻赵国的好机会。"

蔺相如手下的人听了这一番话，非常感动，以后看见廉颇手下的人，都小心谨慎，总是让着他们。

蔺相如的这番话，后来传到了廉颇的耳朵里。廉颇十分惭愧。他脱掉一只袖子，露着肩膀，背上荆条，直奔蔺相如家。蔺相如连忙出来迎接廉颇。廉颇对着蔺相如跪了下来，双手捧着荆条，请蔺相如鞭打自己。蔺相如把荆条扔在地上，急忙用双手扶起廉颇，给他穿好衣服，请他坐下。蔺相如和廉颇从此成了好朋友，同心协力为国家效力，秦国因此更不敢欺侮赵国了。

精彩赏析

海纳百川，有容乃大。蔺相如以国家大局为重，始终忍让，将相和好，共同辅助国家，让国家安然无恙。可见宽容待人，才能赢得他人的信赖与支持，才能与他人成为朋友。

快乐学习屋

小朋友，你从这个故事中明白了什么道理呢？

中华传统美德故事

王旦荐贤

朝夕惕励：每天都很警惕，每天都激励自己。

从善如流：听从好的、正确的意见，好像流水向下那么快。形容能迅速地接受别人的好意见。

故事再现

王旦，字子明，宋真宗时期，王旦担任宰相之职，位高权重，但他朝夕惕励，处理任何事都十分谨慎小心、细致周到。

当时还有一位大臣——寇准，刚直忠正，也是皇帝身边的左右手。在朝中，寇准经常公开指责王旦的缺点，但王旦都虚心领纳，可谓从善如流。

反过来，王旦认为寇准忠心耿耿，足以堪当重责大任。因此，每次在皇上面前，都专门称赞寇准的优点，这让宋真宗非常惊讶。有一次，他和王旦私人交谈的时候，就问："你经常称赞寇准，寇准他却数次说你的短处，你为什么能这样做呢？"王旦听了，微微一笑，说："我在相位已经这么久了，缺失一定很多，但因职位较高，一般大臣都不敢指出我的缺点，而寇准能够直陈我的不足，可见他是如何的忠贞直率，这也是臣下看重他的原因。有这样的大臣，既是国家之福，也是我的良师益友啊！"

宋真宗听了，不禁开怀大笑，说道："人们都说宰相肚里能撑船，我看你就是这样一个宰相啊！"

后来，王旦病重之际，宋真宗忧心忡忡地问他："将来朕该把天下大事托付给谁啊？"王旦一字一句地说："以微臣的愚见，莫若寇准最为合适。"（当时寇准已被贬为陕州知州。）王旦病逝不久，宋真宗果然再度起用寇准为相。

王旦一生忠正清廉，度量大，经常称赞别人，而且自己却不露痕迹地做，让对方没有感觉，也不会跟对方邀功，他的心胸、度量何其宽广！

精彩赏析

王旦从容大度，客观地为国家举荐贤才，真诚地为国为民着想，他的涵养和包容之心，让人佩服得五体投地。

快乐学习屋

小朋友，寇准向皇帝说了王旦什么？王旦又是如何向皇帝举荐寇准的？王旦是一个怎样的人？我们可以从王旦身上学到什么品质？

韦诜择婿爱贤公

知识简介

裴宽，河东闻喜人，唐玄宗时人，曾任礼部尚书，以清正廉明、执法如山而闻名。

自欺欺人：欺骗自己，也欺骗别人；或指用自己都难以置信的话或手法去欺骗别人。

故事再现

唐玄宗时，裴宽曾任润州参军。当时刺史韦诜正在为女儿挑选丈夫，但很久都没有选到合适的。有一天，韦诜在家里休息，登楼远望，看见远处有人在花园里埋什么东西，他很纳闷，就命人去打听此人是谁。

不久，使者回报说："那人是裴参军，他为官清廉，不愿接受人家的贿赂，生怕玷污了自己的家门。有人送给他一大块鹿脯，放下就走了，他没法退还给那人，又不想自欺欺人，就将它埋掉了。"

韦诜听了之后，说："这个年轻人，了不得，以后肯定会大有作为。"他对裴宽赞叹不已，想着想着，便决定将自己的女儿许配给裴宽。

订婚那一天，韦诜将裴宽请到家里，又叫女儿躲在帷帐后面仔细观看，只见裴宽瘦弱而修长，身上穿了一件碧绿的衣服，韦诜的家人都嘲

笑他是一个"碧鹤"。

韦诜对家人说："爱惜自己女儿的父母，必然要将她许配给贤公良侯做妻子，怎么可以以貌取人呢？"

后来，裴宽果然不负岳父的重望，升任至礼部尚书，很有声望。

精彩赏析

韦诜选中了裴宽，不以貌取人，不以贫贱取人，是因为他从裴宽的行为看出裴宽是个清正廉洁的贤良人才。后来裴宽当上了礼部尚书的事实也证明了他选得没有错。

快乐学习屋

小朋友，在这个故事中，韦诜是如何为自己的女儿选择丈夫的？你如何看待他的这一行为呢？这个故事对你有什么启发呢？

祁（qí）奚举荐唯贤

祁奚，春秋时晋国人（今山西祁县人），祁奚在位约60年，为四朝元老。他在位时忠心为国，一心为公，好做仁义之事，誉满朝野，深受人们爱戴。

春秋时期，晋国有一个人叫作祁奚，是晋军的中军尉。祁奚老了的时候，想要退休，便递交了辞职信，晋悼公就对他说："您已经七十几岁了，我如果再强留您继续任职，就太不近人情了。既然您提出退休，我答应您。只是，希望您能推荐一个合适的人选来接替您的位子。"

祁奚答道："解（xiè）狐可以。"晋悼公有些惊讶，问道："我听说，解狐可是您的仇人啊！"

祁奚答道："君王您问的是谁可以接替我的位子，可没问谁是我的仇人。"晋悼公大喜，于是立即召见解狐，要重用他，不承想，没多久解狐得重病去世了。

晋悼公只好再问祁奚："现在还有谁可以接替您的位子呢？"

祁奚说道："祁午可以。"

晋悼公更惊讶了："祁午可是您的儿子啊！"——言下之意就是，您推荐自己的儿子当大官，就不怕别人说闲话吗？

祁奚说道："您问的是谁可以接替我的位子，并没有问谁是我的儿子。"

晋悼公点了点头，又说道："中军大夫羊舌职也病死了，您看谁可以接替他的位子？"

祁奚说道："羊舌职（祁奚的朋友）有两个儿子，一个叫羊舌赤，一个叫羊舌肸（xī），两人都是难得的人才。都可以重用。"

于是晋悼公果然让祁午、羊舌赤都当了大官。而他们也不负众望，在自己的职位上都做得十分出色。大家都对祁奚的推荐心悦诚服。

精彩赏析

不管是仇人也好，还是自己的亲属、部下也好，只以德行和才能作为推荐的标准，这样的人古往今来都是少数。正因为稀少，大多数人做不到，祁奚才成了榜样，才有了光彩，才让我们称赞。

快乐学习屋

小朋友，祁奚都举荐了哪些人？他举荐人才的标准是什么？读了这个故事，我们可以从祁奚身上学到什么？

范仲淹教子节俭

知识简介

范仲淹，北宋政治家、文学家、军事家。汉族，祖籍陕西彬州（今陕西省咸阳市彬县），曾任北宋宰相。

故事再现

范仲淹是北宋著名的政治家和文学家，他生活俭朴，为人正直。范仲淹有四个儿子，由于受父亲的影响，他的儿子都喜文善画，富有才气，很多豪门大户都想把女儿嫁到他家，于是接连不断地去他家提亲。

一天，有个人到他家向他的大儿子范纯佑提亲，想将女儿嫁给他。那个人原本认为范仲淹身为宰相，家里一定十分奢华，可是，进门一看，家里十分简陋，吃的、穿的都十分简朴。但那人心想：范家吃穿这样俭朴，肯定有不少积蓄，而且范仲淹的儿子们都很有才华，日后肯定会有一番成就的。想到这里，当即将女儿许给范家。

范纯佑准备成亲了。女方心想：范家家底厚实，结婚时应要点像样的衣物、家具。而范仲淹再三向儿子交代：现在国家困难，你结婚不能添置昂贵的物品，一切从简。

儿媳妇听说范仲淹如此吝啬，担心婚后日子不好过。但是，不久，有一件事却深深地感动了她。

原来是范仲淹派遣范纯佑去买麦子。范纯佑将买的麦子装到船上，往家里运。走到丹阳，遇到范仲淹的好友石曼卿正处在贫困之中，范纯佑随即就把麦子全部救助给了石曼卿。回家后，范纯佑把事情的经过告诉了范仲淹，范仲淹对此连声赞扬："做得对！"

儿媳妇听了这个故事，深深地敬佩这父子二人。不久，她愉快地嫁到了范家。

精彩赏析

诸葛亮曾经说过："静以修身，俭以养德。"范仲淹处处教育儿子节俭，而对于那些贫苦之人，他却不吝帮助。无论何时，我们都应该牢记"俭以养德"。

快乐学习屋

范仲淹是如何教育儿子的？他的做法对你有什么启发呢？

季文子节俭立身

知识简介

季文子，春秋时代鲁国的贵族、著名的外交家，为官 30 多年。

德高望重：道德高尚，名望很大。

良骥骏马：跑得快的好马。

故事再现

季文子虽然出身于三世为相的家庭，但他一生俭朴，以节俭为立身的根本，并且要求家人也过俭朴的生活。他穿衣只求朴素整洁，除了朝服以外没有几件像样的衣服，每次外出，所乘坐的车马也极其简单。

见他如此节俭，有个叫仲孙它的人就劝季文子说："你身为上卿，德高望重，但听说你在家里不准妻妾穿丝绸衣服，也不用粮食喂马。你自己也不注重容貌服饰，这样不是显得太寒酸，让别国的人笑话您吗？人家会说鲁国的上卿过的是一种什么样的日子啊。您为什么不改变一下这种生活方式呢？"

季文子听后淡然一笑，严肃地对仲孙它说："我也希望把家里布置得豪华典雅，但是看看我们国家的百姓，还有许多人吃着粗糙得难以下咽的食物，穿着破旧不堪的衣服，还有人正在受冻挨饿；想到这些，我怎么忍心去为自己添置家产呢？况且，我听说一个国家的强大与光荣，

只能通过臣民的高洁品行表现出来，并不是以他们拥有美艳的妻妾和良骥骏马来评定。既然如此，我又怎能接受你的建议呢？"

这一番话，说得仲孙它满脸羞愧之色，同时也使得他内心对季文子更加敬重。此后，他也效仿季文子，十分注重生活的简朴，妻妾只穿用普通布做成的衣服，家里的马匹也只是用谷糠、杂草来喂养。

精彩赏析

季文子作为一国之相，不居高自傲，不贪图享乐，能想到国人的贫困，严于律己，生活节俭。他的行为告诉我们，一个人应追求以节俭为荣，而不应该贪图物质的享受。

快乐学习屋

小朋友，别人劝季文子改变一下生活方式，季文子是如何回答的？读了这个故事，你从中学到了什么道理？

中华传统美德故事

97

苏轼节俭养生

苏轼，字子瞻，号东坡居士，世称苏东坡、苏仙。汉族，北宋眉州眉山（今属四川省眉山市）人，祖籍河北栾城，北宋著名文学家、书法家、画家。

故事再现

苏轼是宋代的大文学家。他既做过高官，也多次被贬。但不管居庙堂之高，还是处江湖之远，他都过着比较俭朴的生活。

苏轼被贬到黄州任职时，一家人的吃用只靠他微薄的收入来维持。为此，他绞尽脑汁，精打细算：每月初一这天他便从积蓄中取 4500 钱等分为 30 串，挂在屋梁上，每天用画叉挑下一串来做饭钱，这样每天的用度不得超过 150 钱，剩下的就放进一个大竹筒里，用来招待客人。就是这样俭朴度日，苏轼依然过得有滋有味。

平时，他在生活上也严格要求自己，坚决反对大吃大喝。他曾写过一篇《节饮食说》的小文，贴在自家墙上，让家人监督执行。

苏轼告诉家人，从今以后，自己每顿饭只饮一杯酒，吃一个荤菜。若有贵客来访，设盛宴招待也不超过三个荤菜，而且只能少不能多。如果别人请自己吃饭，也先告诉人家不要超过这个标准。若人家不答应，

就干脆不去赴宴。

一次，一位久别重逢的老友请他吃饭，他嘱咐朋友千万不可大操大办。几天后，他应约去老友家赴宴时，见酒席异常丰盛，便婉言谢绝入席，拂袖而去。他走后，老友感慨道："当年东坡遭难时，生活很节俭。没想到如今身居高位，依旧本色不变。"

苏轼还提倡蔬食养生的理念，并身体力行。他在各地做官，都常去挖野菜吃。他的一首诗写道："狂吟醉舞知无益，粟饭藜羹间养神"，以自己的经验劝别人不要醉生梦死，而要粗茶淡饭养生。

精彩赏析

苏轼以节俭养生，虽然后来身居高位，依旧本色不变。俭以养德，淡泊明志，苏轼的养生理念值得我们每个人学习。

快乐学习屋

小朋友，苏轼是如何奉行俭朴生活的？他的养生理念是什么？你赞同他的生活理念吗？为什么？

朱元璋的"四菜一汤"

朱元璋，幼名重八，参加农民起义军后改名元璋，字国瑞，元末农民起义军首领，明朝开国皇帝，史称明太祖。

故事再现

朱元璋自从当了皇帝以后，那些达官贵人，整天花天酒地，奢侈靡费。而老百姓的生活却并不好过，怨声载道。朱元璋知道以后，决心整治这种不正之风。

当时，适逢马皇后（俗称马大脚）过生日，照例高官权贵都要前来祝贺。等百官来齐后，朱元璋吩咐上菜。菜肴摆上了桌，并非什么山珍海味，鸡鸭鱼肉，而是简单朴素的炒萝卜、炒韭菜、两碗炒青菜和一碗葱花豆腐汤，竟是标标准准的"四菜一汤"。

吃惯了"山珍海味"的文武百官，见此情景，颇感不解。于是，朱元璋就耐心解释："萝卜上了街，药店无买卖""韭菜青又青，长治久安定人心""两碗青菜一样香，两袖清风好丞相""小葱豆腐青又白，公正廉洁如日月"。

最后，朱元璋当众宣布："今后众卿请客，最多只能'四菜一汤'，这次皇后的寿宴即是榜样，谁若违反，严惩不贷。"

那些官员听了朱元璋的一番言辞，明白了他的用意，无不诚惶诚恐，连连称是，不敢再肆无忌惮，大吃大喝。

精彩赏析

朱元璋发现达官贵人之间奢侈风盛行，决定带头实行节约，重振社会风气，这对我们今天杜绝舌尖上的浪费，也有很强的教育意义。

快乐学习屋

小朋友，朱元璋的"四菜一汤"分别都是什么？他这么做的用意何在？读了这个小故事，你获得了什么启示呢？

吴成教子

知识简介

五谷丰登：指年成好，粮食丰收。

九霄云外：在九重天的外面。比喻非常遥远的地方或远得无影无踪。

故事再现

从前，在中原的伏牛山下，住着一个叫吴成的农民，他一生勤俭持家，日子过得无忧无虑，十分美满。

相传他临终前，曾把一块写有"勤俭"二字的横匾交给两个儿子，并告诫他们说："你们要想一辈子不受饥挨饿，就一定要照这两个字去做。"

后来，兄弟俩分家时，将匾一锯两半，老大分得了一个"勤"字，老二分得一个"俭"字。老大把"勤"字恭恭敬敬地高悬在家中，每天"日出而作，日落而息"，年年五谷丰登。然而，他的妻子过日子却大手大脚，孩子们常常将白白的馍馍吃了两口就扔掉，久而久之，家里就没有余粮了。老二自从分得半块匾后，也把"俭"字当作"神谕"供放在中堂，却把"勤"字忘到九霄云外。他疏于农事，又不肯精耕细作，每年所收获的粮食很少。尽管一家人节衣缩食、省吃俭用，也难以持久。

这一年遇上大旱，老大、老二家中都早已空空如也。他俩情急之下

扯下字匾，将"勤""俭"二字踩碎在地。这时候，突然有张纸条从匾额里掉出来，兄弟俩连忙拾起一看，上面写道："只勤不俭，好比端个没底的碗，总也盛不满！""只俭不勤，坐吃山空，一定要受穷挨饿！"

兄弟俩恍然大悟，"勤""俭"二字原来不能分家，缺一不可。吸取教训以后，他俩将"勤俭持家"四个字贴在自家门上，提醒自己，告诫妻儿，身体力行，此后日子过得一天比一天好。

精彩赏析

吴成教子的故事，生动形象地告诉我们，勤俭是一种美德，是我们在生活中应该坚守的原则。勤是开源，俭是节流，二者相辅相成。

快乐学习屋

小朋友，故事中吴成临终前把什么交给了两个儿子？之后发生了什么事？兄弟俩最后有什么感悟？你从这个故事中明白了什么道理呢？

张良捡鞋

知识简介

张良，字子房，是汉高祖刘邦的谋臣，汉朝的开国元勋之一，与萧何、韩信同为"汉初三杰"，封为留侯。

故事再现

秦朝末年，一天，张良在石桥上遇到一位白发苍苍的老人。老人的鞋子掉到了桥下，便叫张良去帮他捡回来。张良见他年老体衰，而自己年轻力壮，便忍住不快，帮他捡回了鞋子。

老人坐在桥头，眼皮也不抬一下，就对张良说："给我穿上。"

于是，张良跪在地上帮老人把鞋穿上，老人笑着看看张良说："我看你不错，值得教导。五天后天一亮，和我在这里见面。"

张良礼貌地说："是。"

五天后，天刚刚亮，张良来到桥上，那个老人已经坐在桥上了。老人十分生气地说："现在天已经大亮了，年轻人这么不守信用，和长辈约会还迟到，长大后还能有什么作为？五天以后，鸡叫时来见我。"说完老人就走了。

过了五天，鸡刚叫，张良就去了，发现老人又早早到了那里。老人十分生气地说："我已经听见三声鸡叫了，你怎么才来，五天以后再早

一点儿来见我。"

又过了五天，张良半夜就到桥上等那个老人。一会儿，老人也来了，他高兴地说："年轻人要成大事，就要遵守诺言。"

接着老人从怀里掏出一本又薄又破的书，说："读了这本书，就可以成为皇帝的老师。"说完，老头儿就离开了，以后再也没有出现过。

天亮时，张良看老人送的那本书，原来是《太公兵法》。张良得到这本奇书，日夜诵读研究，后来成为满腹韬略、智谋超群的汉代开国名臣。

精彩赏析

在这个故事中，张良克制自己的不快，处处礼让，这既表现为对老人的尊重，也表现为对自身品格的完善。张良正是在不断礼让的过程中，磨砺了意志，增长了智慧。

快乐学习屋

小朋友，张良帮老人捡鞋之后，老人有什么反应？你是如何看待张良帮老人捡鞋这一行为的？这个故事给了你什么启发呢？

程门立雪

知识简介

杨时，宋代著名的理学家，还是一个很有影响的政治家。少年时，聪颖好学，善诗文，人称"神童"。与游酢、吕大临、谢良佐并称"程门高弟"（程门四大弟子）。

故事再现

宋朝，有一个十分有学问的人，他的名字叫杨时，他对老师十分尊敬，一向虚心好学。

杨时在少年时代，学习就非常用功。当时程颢、程颐兄弟俩是全国有名的学问家。杨时先是拜程颢为老师，学到了不少知识。四年之后，程颢逝世了。为了继续学习，他又拜程颐为老师。这时候，杨时已经40岁了，但是他一点儿都不骄傲，对老师还是那么谦虚、恭敬。

有一天，天空中浓云密布，眼看一场大雪就要落下。午饭过后，杨时为了找老师请教一个问题，约了同学游酢一起去程颐家里。守门的人说，程颐正在睡午觉，他们不愿意打扰老师午睡，便一声不响地站在门外等候。等着等着，天上飘起了鹅毛大雪，而且雪越下越大。他们站在门外，雪花在头上飘舞，凛冽的寒气，冻得他们浑身发抖，但是，他们并没有离开，也没有去叫醒老师，仍旧站在门外等候。

过了好长时间，程颐醒了。这时候，门外的雪已经有一尺多深了。程颐推开房门一看，外边站着两个雪人。一问别人，才知道杨时和游酢在门外雪地里已经等了好久，因为不想打扰他午休，就一直在外边站着。看到他们这个样子，程颐十分感动，让人赶快叫他们进来。

杨时这种尊敬老师的优秀品德，备受人们的称赞。正是由于他尊敬师长，虚心向老师求教，学业才进步很快，后来终于成为一位全国知名的学者。想向他求教的人，都不远千里来拜他为师，大家尊称他为"龟山先生"。

精彩赏析

杨时"程门立雪"的故事表现了他尊敬老师、刻苦求学的精神。他的这种精神值得我们每个人学习。

快乐学习屋

小朋友，杨时和游酢想找老师程颐请教一个问题，但是程颐却在午休，他们两个人是怎么做的？你从"程门立雪"这个故事中明白了什么道理呢？

牛皋（gāo）问路

牛皋，字伯远，汝州鲁山（今河南平顶山市鲁山县）人，南宋抗金名将。

人烟稀少：形容地方无人居住，十分荒凉。

温文尔雅：形容人态度温和，举动斯文。温文：态度温和，有礼貌；尔雅：文雅。

故事再现

牛皋和岳飞是同乡，他们从小便心系国家，打算考取功名，报效国家，于是一同赴京参加考试，希望考取功名，实现自己的一片爱国热忱。

岳飞在客栈休息的时候，牛皋按捺不住，想提前去武试的考场熟悉一下，由于他不熟悉地形，一会儿就迷路了。

他大摇大摆地来到一个老人面前，大声道："喂，老头！去武试的考场怎么走？"老人见他五大三粗，说话又没有礼貌，十分不高兴，便没有搭理牛皋，自顾自地走了。牛皋望着老头的背影，说："老头，你聋啦？问你话呢！"老人丝毫不搭理他。牛皋很无奈，但路上人烟稀少，只能频频碰壁，找了好久才找到武场。

岳飞醒来后，见牛皋不在，知道他一定去了武场，于是也起身出发了，岳飞也看见了刚才那位老人，他拱手向老人问道："老人家，请问

去武场的路怎么走啊？"老人见他眉清目秀，又十分懂礼貌，一扫刚才的不快，十分痛快地告诉了他详细的路线。

同样是问路，牛皋粗鲁莽撞，岳飞却温文尔雅，虽然问的问题是一样的，但是结果却是不同的，可见文明礼貌在其中起了很大的作用。

精彩赏析

有礼貌的人，人人爱，人人赞赏；没礼貌的人，人人讨厌，人人批评。礼貌，在我们的生活中，是一定要养成的习惯。

快乐学习屋

小朋友，牛皋问路的时候，老人为什么不搭理他？岳飞问路的时候为什么老人十分痛快地告诉了他？你从这个故事中明白了什么道理？

韩信千金报饭恩

知识简介

韩信，西汉开国功臣，中国历史上杰出的军事家。

垂头丧气：形容失望懊丧的样子。与萧何、张良并列为"汉初三杰"。

故事再现

韩信小时候为了糊口，经常到江边去钓鱼，如果钓不到鱼，他就要饿肚子了。

有一天，韩信又一条鱼也没有钓上来，他又饿又累，望着手中的鱼竿发呆。江边有一位以洗衣为生的老大娘，看到韩信垂头丧气，就问："年轻人，你怎么了？"韩信看看老大娘，说："大娘，我家里没有什么吃的了，想钓几条鱼换点钱买吃的，但到现在连一条鱼也没有钓到。"

老大娘听了，不由得心生同情，从此经常送些饭菜给韩信。韩信非常感激。一天，老大娘又给韩信送来一些饭菜，韩信对老大娘说："大娘，您对我真好，等我以后做了大事，一定要好好地报答您！"

老大娘听了这话反而生气了，她说："你以为我是为了让你报恩才帮你的吗？错了！"韩信不再多说什么。不久，他就拜别了老大娘，离开了家乡，出外闯荡去了。

后来，韩信封了楚王，但他心里一直惦记着那位老大娘，就让人打听到了老大娘，经常派人给老大娘送去各种物品，还特意回家乡看望老大娘，并给老大娘送了一千两黄金。老大娘却拒不接受。

韩信恳切地说："我知道，您当年不是为了要我报答才帮助我的。也正因为如此，我才感到您是真心对我好。所以，我就更应当好好地感谢您、报答您！"

精彩赏析

韩信帮助刘邦打下了江山后，没有忘记报答那位老大娘，这是知恩、守信。在生活中，我们应该学会感恩，感谢那些曾经帮助过我们的人。

快乐学习屋

小朋友，韩信千金报饭恩的故事让你明白了什么道理？

史可法感恩老师

知识简介

史可法，字宪之，明末政治家、军事家。

左光斗，字共之，明朝官员，也是史可法的老师，因对抗大宦官魏忠贤而蒙难。

故事再现

明朝名臣史可法，年轻时进京考试，住在寺庙里。有一位贤臣叫左光斗，刚好是此次考试的主考官，他到这些寺庙里去微服私访。

左公刚走进寺庙，就看到一个年轻的考生，写完文章太累睡着了，案上放着刚写好的一篇文稿。左公拿起一读，非常赞赏他的远大理想和刻苦精神，出来问寺僧，方知书生名叫史可法，因此留下深刻印象。

考试的时候，左公看到一篇文章，感受到字里行间有一种气节，一种志向，马上就知道是他，所以就批了他为状元，之后又收他做弟子。此后，史可法愈加发奋苦学。

后来左公、史可法同朝为官。明朝末年，宦官当道，左公因被陷害而关进监狱。史可法知道老师在狱中的境况后，十分焦急，通过各种关系，终于感动了监狱里的士兵，他们就建议史可法装扮成捡垃圾的，进监狱去看望老师。左公看到是史可法，却说："你是国家栋梁，国家正

是危难之际，你怎么可以把自己的生命陷入这么危险的境地？"不久，左公被宦官杀害。

之后，史可法便被派往边境带兵防守。他总是坚持守夜不休息，士兵建议他休息，史可法却说："国家危难，假如我去睡觉，就对不起老师，对不起国家。"后来清兵入关打到江南，史可法到江南重镇扬州督师。他誓死坚守扬州城。清军下令用大炮轰城。史可法誓死与扬州城共存亡，最后壮烈牺牲。

精彩赏析

左公为国家忠心耿耿，不仅能够慧眼识才，还能保护国家的栋梁之材。史可法为报达老师的恩德和教诲而壮烈牺牲，这不仅让人深深地感动，也给我们树立了很好的学习榜样。

快乐学习屋

小朋友，左光斗是如何发现史可法是栋梁之材的？史可法又是如何报答老师的？你从这个故事中明白了什么道理？

灵辄报恩

知识简介

赵盾，即赵宣子，时人尊称其赵孟或宣孟。春秋中前期晋国卿大夫，赵衰之子，杰出的政治家、战略指挥家。

故事再现

晋大夫赵盾，从马首山打猎返回京城。当他们行走到侯庄村头的土岭下，准备通过一个大桑林时，他骑的那匹大马"咴——咴——"地嘶叫起来，并在地上转圈圈，不往前走一步。

众人都很惊奇，疑惑桑林中埋伏有刺客。赵盾命令随从进桑林搜查，不一会儿，搜查的人回报："一棵大桑树下，躺着一个奄奄一息的大汉。"赵盾和随从一起进入桑林中看个明白。赵盾等唤醒大汉，才知道他是当地人，三年前去卫国拜师学艺，回家探亲盘缠用尽，两天未进食，饿昏在这里。

赵盾忙令随从，拿出携带的食物给大汉充饥。只见那大汉抓起食物狼吞虎咽地吃起来，刚吃几口忽又停下不吃，赵盾奇怪地问大汉："为何不吃了？"

大汉面有惭色地说："家中尚有年迈母亲，生死不知，想起老母，吃不下去了。"

赵盾深为此人孝道所感动，又令随从赠送大汉不少粮米、银钱，并派人将大汉送回家去。

这个大汉名叫灵辄，后来，灵辄做了晋灵公的武士。一次，晋灵公想杀赵盾，灵辄在搏杀中反过来抵挡晋灵公的手下，使赵盾得以脱险，然后把赵盾送到安全的地方。赵盾问他为何这样做，他回答说："我就是你当年在桑林里救的那个大汉。"赵盾再问他的姓名和家居时，他没有告诉赵盾就匆匆离去了。

精彩赏析

灵辄饥贫时，得到赵盾的饱腹知恩，当赵盾遇到危险时，灵辄不惜以命相救，这就是传统美德"受人滴水之恩，当以涌泉相报"的体现。

快乐学习屋

小朋友，赵盾是怎么救助灵辄的？后来灵辄又是怎么报答赵盾的？读了这个故事，你从中受到了什么启发？

清高廉洁的介子推

知识简介

介子推，周代晋国大臣，重耳最终能返回晋国，立为晋君，介子推效了犬马之劳。

晋文公，名重耳，春秋时期著名的政治家，晋国国君，"春秋五霸"之一。

故事再现

晋文公在没有当国君时，逃亡在外17年，回国即位后的第一件事，就是赏赐和他一起逃亡的功臣。

那些人都有了金银财宝和很高的官爵，只有介子推一人，被晋文公忘记了。介子推不贪求功利，也不喜欢争权夺利，和母亲就住到绵山去了。

过了一段时间，晋文公忽然想起了介子推的功劳，便叫人到绵山去找他。可是绵山很大，一百多人在绵山找了三天三夜，依然没有找到介子推。当时有人建议，用火烧山，介子推是个孝子，为了母亲，他一定会跑出来。

介子推和他母亲藏在山内，知道晋文公派人来找他，他仍然不愿意出来。后来大火烧到他们的身旁，介子推连忙对母亲说："我背您出去吧，不然，就要被烧死了。他的母亲睁大眼睛对他说："你不是不愿意

和那些争权夺利的小人在一起吗？现在怎么又怕死了呢？"

"不。"介子推说，"我一点儿都不怕死，但为了母亲，我……"他的母亲说："那么我们就死在一起吧！"

火熄了，树木烧光了。大家依然没有看到介子推出来。后来，他们找遍了整座山，发现介子推和他的母亲合抱着一棵树，都被烧焦了。

晋文公知道后十分悲痛，为了纪念介子推，下令全国老百姓在烧山的这一天，不准起火烧饭，一律吃冷食。这是清明的前一天，我们叫作"寒食节"。

精彩赏析

晋文公放火烧绵山，认为这样介子推和他的母亲就会出来，谁知，介子推和其母亲宁死都不出来。这个故事表明了介子推不贪图功名利禄的清高志向。

快乐学习屋

小朋友，介子推和其母亲是如何死去的？这个故事给了你什么启发？

杨震暮夜却金

知识简介

杨震，字伯起，弘农华阴（今陕西华阴东）人，东汉时期名臣。他通晓经籍、博览群书，被众儒生称赞为："关西孔子杨伯起"。

故事再现

杨震从小便没了父亲，虽然生活贫苦，但爱好学习，精通欧阳《尚书》，眼光透彻，知识渊博。他教了二十多年的书，州郡长官聘请他去做官，他都没有应允。人们都说他年纪大了，想出来做官也迟了，而杨震却更安心他的教书生活。邓骘听说后就召请他做官，那时杨震已经五十多岁了，日后屡次升迁。

杨震公正廉洁，不谋私利。他任荆州刺史时发现王密才华出众，便向朝廷举荐王密为昌邑县令。后来他调任东莱太守，途经王密任县令的昌邑（今山东金乡县境）时，王密亲赴郊外迎接恩师。

晚上，王密前去拜会杨震，俩人聊得非常高兴，不知不觉已是深夜。王密准备起身告辞，突然他从怀中捧出黄金，放在桌上，说道："恩师难得光临，我准备了一点儿小礼，以报栽培之恩。"

杨震说："以前正因为我了解你的真才实学，所以才举你为孝廉，希望你做一个廉洁奉公的好官。可你这样做，岂不是违背我的初衷和对

你的厚望？你对我最好的回报是为国效力，而不是送给我个人什么东西。"可是王密还坚持说："三更半夜，只有我知、你知。不会有人知道的，请收下吧！"

杨震立刻变得非常严肃，声色俱厉地说："你这是什么话，天知，地知，我知，你知！你怎么可以说，没有人知道呢？没有别人在，难道你我的良心就不在了吗？"王密顿时满脸通红，赶紧像贼一样溜走了。

精彩赏析

通过杨震清正廉洁、严于律己的故事，我们应该向他一样，无论什么时候都要严格要求自己，抵制利益诱惑，做一个顶天立地的人。

快乐学习屋

小朋友，杨震和王密本来聊得很高兴，后来杨震为什么训斥王密？你怎么看待杨震的这种做法？你得到了什么启迪呢？

于谦清正廉洁

知识简介

于谦，汉族，明朝名臣、民族英雄，与岳飞、张煌言并称"西湖三杰"。

黎民：民众，泛指普通百姓。

故事再现

于谦是我国明代有名的清官，深得老百姓的爱戴，被尊称为"于青天"。

于谦60岁寿辰那天，门口送礼的人络绎不绝。于谦叮嘱管家，一概不收寿礼。皇上因为于谦忠心报国，派人送了一只玉猫金座钟。管家根据于谦的叮嘱把送礼的太监拒之门外。太监有点不高兴了，就写了"劳苦功高德望重，日夜辛劳劲不松。今日皇上把礼送，拒礼门外情不通。"四句话，叫管家送给于谦。于谦见了，在下面添了四句："为国办事心应忠，做官最怕常贪功。辛劳本是分内事，拒礼为开廉洁风。"太监见于谦这样坚决，无话可说，回去向皇上复命去了。

不一会儿，于谦的同乡好友，和于谦一起做官的郑通也来送礼了，于谦又写了四句话："你我为官皆刚正，两袖清风为黎民。寿日清茶促膝叙，胜于厚礼染俗尘。"郑通见了十分敬佩，于是叫家人带回礼物，亲自进门与于谦叙谈友情。

于谦正和郑通谈得十分投机，管家进来通报，有一个叫"黎民"的

送来了一盆万年青，还让管家带来一首诗："万年青草表情义，长驻山涧心相关。百姓常盼草常青，永为黎民除贪官。"于谦见后，亲自出门迎接，郑重地接过那盆万年青，高声咏唱了一首诗："一盆晚年情义深，肝胆相照万民情。于某留作万年镜，为官当学万年青。"

由于于谦办事铁面无私，清廉不赂，得罪了朝廷中的一些贪官，被陷害关进大牢，他在牢里写下这样一首诗："千锤万凿出深山，烈火焚烧若等闲。粉骨碎身全不怕，要留清白在人间。"

精彩赏析

于谦是"两袖清风"的代表人物，清清白白做人、干干净净做事，踏踏实实干成事，是他做人做事的原则，他的这种原则，对我们当代人依然有启示意义。

快乐学习屋

小朋友，于谦为什么没有收皇上送的生日礼物，而收了百姓送的礼物？于谦身上有什么品格值得我们学习？你从这个故事明白了什么道理？

公孙仪拒收甲鱼

中华传统美德故事

知识简介

公孙仪，春秋时鲁穆公的宰相，《史记·循吏列传》作公仪休。

故事再现

公孙仪是战国时代鲁穆公手下的丞相。他喜欢吃鲜鱼，特别喜欢吃新鲜甲鱼。

在他刚当丞相的那段时间里，送鱼者纷纷上门。其中有人是衷心祝贺，有人是随大流捧场，有人则是为了谋取私利。但不管抱着什么动机来送鱼，都被公孙仪一一回绝。

公孙仪有位故友，知道公孙仪身体瘦弱，甲鱼可以补养身体，就买了新鲜的猪肝用来钓甲鱼。他在3天时间里钓了10多斤甲鱼，然后高高兴兴地送到公孙仪府上。公孙仪说："甲鱼熬汤，味道鲜美，又可补养身子，是难得的好东西呀！"老朋友一听，认为公孙仪一定会收下，就说："你我一往情深，这点小意思……"谁知公孙仪却笑着打断他的话："老朋友，你想到哪里去了。甲鱼肉虽然好吃，甲鱼汤虽然好喝，可我要是吃了你送的甲鱼，只怕要拴住我的手脚了。"对方赶忙解释道："不会的，我不会给你添麻烦。"公孙仪正颜说："既然这样，我若收下你送的甲鱼，岂不让世人议论你有行贿之嫌吗？"公孙仪坚辞不

受，老朋友只好把甲鱼带回去了。

公孙仪的弟弟问哥哥："你素来喜欢吃甲鱼，为何别人好心送来，你却不收呢？"公孙仪说："正因为我喜欢吃甲鱼，所以才不能收。吃只甲鱼固然微不足道，但倘若我经常收别人的礼品，那就要落个受贿的坏名声，到头来连丞相的官位也会丢掉。到那时，再爱吃甲鱼，恐怕也吃不成了。现在我不收别人的鱼，倒还可以安稳地做丞相，多吃几年我爱吃的甲鱼。"

精彩赏析

公孙仪严于律己、清正廉洁，深深地明白，只有堂堂正正地走好自己的路，才能拥有美好的前程，才能得到自己想得到的东西，公孙仪是一位明智的官员。

快乐学习屋

小朋友，公孙仪爱吃甲鱼，为何却不收朋友送的甲鱼？你怎么看待公孙仪的这一做法？为什么？

杨继宗做官不爱钱

知识简介

杨继宗，山西阳城匠礼村人，明朝天顺元年进士，在任时，为官清正，被称为"明朝天下第一清官"。

故事再现

明宪宗成化初年，嘉兴知府杨继宗为官廉洁刚正。一天，监察御史孔儒来到嘉兴，借口肃清匪源，到处清乡，搞得老百姓不得安宁。有的老年人经不住折腾，顶撞几句，就被指控为匪类，轻则毒打，重则丧命。

杨继宗见了十分气愤，命人张榜通告说："谁家有被御史打死的，家属可以到府里来报名。"孔儒见嘉兴知府不买他的账，便找到杨继宗责问为什么干扰他清匪。杨继宗说："治理国家要有一定的法度，各级官吏有不同的责任。孔大人身为监察御史，就应努力举劾不法，剔除奸弊。至于挨门挨户清查户口，维持治安，乃是地方官吏的事。"

孔儒是专门纠察官吏的监察御史，所到之处，地方官莫不奉迎，没想到被嘉兴知府抢白了一顿，大煞威风，便怀恨在心，伺机报复。

孔儒临走时，没抓到杨继宗任何把柄，心想，当官的没有一个不爱钱，杨继宗在如此富庶之地做官，还能不刮点地皮，不如打开他的箱子揭他的底，给他一点难堪。于是带着几个随从，借口告辞，直入杨继宗

住处。他见室内空空，唯有床头放着一个箱子。心想：知府的贵重财宝一定都在里面。便让人打开箱子，一看，只有几套破旧衣服。孔儒无奈只好怀惭而去。

有一年，杨继宗进京朝见皇帝，明宪宗问宦官汪直："最近来京朝见的地方官员中，哪一个比较廉洁？"汪直答道："天下不爱钱的官吏，唯杨继宗一人而已。"

精彩赏析

杨继宗不爱钱，清朴节俭，所以，孔儒总是抓不到杨继宗的把柄，杨继宗也因此留下了廉洁的名声。

快乐学习屋

小朋友，杨继宗为什么要张榜？孔儒打开杨继宗的箱子后发现了什么？杨继宗身上有什么品质值得我们学习？

管宁割席

知识简介

爱不释手：喜爱得舍不得放手，形容极其喜爱。

唉声叹气：因伤感郁闷或悲痛而发出叹息的声音。

故事再现

管宁和华歆是一对非常要好的朋友。他们同桌吃饭、同榻读书、同床睡觉，成天形影不离。

有一次，他们在田里锄草。管宁挖到了一锭金子，但他对此没有理会，继续锄草。华歆得知后，丢下锄头奔了过来，拾起金子摸来摸去，爱不释手。管宁见状，一边干活，一边责备他："钱财应该靠自己的辛勤劳动获得，一个有道德的人，不可以贪图不劳而获的财物。"华歆听了，不情愿地丢下金子回去干活，但不住地唉声叹气。管宁见他这个样子，不再说什么，只是暗暗地摇头。

又有一次，他们两人坐在一张席子上读书。这时一个大官在窗外经过，敲锣打鼓，前呼后拥，威风凛凛。管宁对外面的喧闹充耳不闻，好像什么都没发生一样。华歆却被这种排场吸引了，他嫌在屋里看不清楚，干脆连书也不读了，急急忙忙跑到街上去看热闹。

管宁目睹了华歆的所作所为，再也抑制不住心中的失望。等华歆回

来后，就当着他的面，把席子割成两半，痛心地宣布："我们的志向和情趣太不一样了。从今以后，我们就像这割开的草席一样，再也不是朋友！"这就是历史上著名的"管宁割席"。

精彩赏析

"不亲仁，无限害，小人进，百事坏。"如果不肯亲近有道德的仁者，无形中会给自己带来无限的危害。小朋友，我们交朋友的时候，一定要选择品德高尚的益友。

快乐学习屋

小朋友，华歆看到田里的金子是什么表现？华歆听到外面很热闹又是什么表现？管宁为什么要和华歆绝交？你读了这个故事有何感想呢？

宁要朋友，不要状元

知识简介

博闻强识（zhì）：形容知识丰富，记忆力强。

狂放不羁：任性豪放，不受约束。形容性格豪爽，蔑视世俗礼法。

故事再现

唐朝时，有一个名叫白敏中的读书人。他是著名诗人白居易的堂弟，虽然不及堂兄有名，但也博闻强识，才高八斗。

一天，白敏中结识了颇有文才、狂放不羁（jī）的贺拔惎（jì）。两人志趣相投，很快便成为好友。后来他俩相约一块儿到了京城长安，参加科举考试。

当时的主考官是丞相王起。王起知道白敏中出身名门，文才又好，非常赏识，有意录取他为状元。但看见白敏中与家境贫寒的贺拔惎交往过密，怕他被带坏，就私下派人带信给白敏中，暗示要他断绝与贺拔惎的朋友关系。白敏中为了自己的前途，无可奈何地答应了。

这天贺拔惎来访，白敏中的手下人欺骗他说主人不在家，出门去了。贺拔惎等了好长时间，见白敏中迟迟不归，心中明白了一大半，没有说什么就往外走。贺拔惎刚刚离去，白敏中就后悔了，立刻把贺拔惎追了回来，把事情的原委如实相告，说："凭才学什么事干不成，为了

个状元，怎么能舍弃自己的好朋友呢？"说完，命人摆了酒席，两人开怀畅饮，好不自在。丞相的亲信看到这般情形，非常生气，就把事情一五一十地禀告了王起，并怂恿说："既然他不稀罕，那就别录取他了。"王起听了，不怒反笑，说："结交朋友就当如此，我原来只想录取白敏中为状元，现在看来要改变主意了，还要加上贺拔基。"最后，白敏中和贺拔基同时被录取为状元。后来，白敏中还当上了宰相。

精彩赏析

在利益和友情之间，白敏中没有见利忘义，而是毅然决然地选择了友谊，这种珍惜友情的品德真是令人敬佩。

快乐学习屋

小朋友，王丞相要录取白敏中为状元，但是提出了什么要求？白敏中有没有完全遵照王丞相的要求？你从这个故事中明白了什么道理？

伯牙摔琴谢知音

知识简介

《高山流水》为中国十大古曲之一。传说先秦的琴师伯牙一次在荒山野地弹琴，樵夫钟子期竟能领会意境，"高山流水"，比喻知已或知音，也比喻乐曲高妙。

故事再现

俞瑞，字伯牙，战国时的音乐家，曾担任晋国的外交官。

有一年，俞伯牙奉命出使楚国。途中的一个夜晚，俞伯牙在船上望着空中的明月，琴兴大发，专心致志地弹了起来。

正当他沉醉在琴声之中时，猛然看到一个打柴人在岸边站着。俞伯牙于是邀请他上船。那打柴人看到俞伯牙弹的琴，便说："这是瑶琴，相传是伏羲氏造的。"

听了打柴人的讲述，俞伯牙暗暗佩服。接着俞伯牙又弹了几曲，请他辨识其中之意。当他弹奏的琴声雄壮高亢时，打柴人说："这琴声，表达了高山的雄伟气势。"

当他弹奏的琴声变得清新流畅时，打柴人说："这琴声，表达的是无尽的流水。"

俞伯牙听了惊喜万分，没想到，在这野岭之下，竟遇到自己久久寻

觅不到的知音，他问明打柴人名叫钟子期，便和他喝起酒来。两人越谈越投机，有一种相见恨晚的感觉，最后结拜为兄弟。约定来年的中秋再到这里相会。

第二年中秋，俞伯牙如约来到了汉阳江口，可是怎么也不见钟子期。第二天，俞伯牙向一位老人打听他的下落，原来钟子期已不幸染病去世了。临终前，他留下遗言，要把坟墓修在江边，到八月十五相会时，好听俞伯牙的琴声。

听完老人的讲述，俞伯牙万分悲痛，他来到钟子期的坟前，凄楚地弹起了《高山流水》。弹罢，他挑断了琴弦，把心爱的瑶琴摔了个粉碎。他悲伤地说："我唯一的知音已不在人世了，这琴还弹给谁听呢？"

精彩赏析

古人说："士为知己者死。"伯牙绝弦，所表达的正是一种真知己的境界，这也正是它千百年来广为流传的魅力所在。正是这个故事，确立了中华民族高尚的人际关系与友情的标准。

快乐学习屋

小朋友，俞伯牙和钟子期是如何相遇的？你认为他们算得上知己吗？你读了这个故事有何感想呢？

荀巨伯重义轻生

知识简介

心急如焚：心里急得像着了火一样。形容非常着急。

风尘仆仆：形容旅途奔波，忙碌劳累。

故事再现

荀巨伯是汉桓帝时的贤士，他听说千里之外的一个好友得了重病，匆匆赶去探视。

他到达好友居住的县城后，只见街上悄无一人，觉得很奇怪。他找到好友的住处，发现好友躺在床上，面色惨白，连声低呼："水！水！"荀巨伯忙倒碗水，递到友人口边。

友人喝了几口，精神稍好一些，抬头见是荀巨伯风尘仆仆来看望自己，十分感动。但想到目前情况紧急，又焦急地对荀巨伯说："胡兵马上就要来攻城了，城里的人都跑光了，你赶快走吧！"

荀巨伯坚定地说："你重病在身，我怎么能离开呢？"友人感动地说："贤弟盛情，令人感动，我是将死的人了，不能连累你，你还是快点走吧！"荀巨伯恳切地说："我不远千里来看你，你却要我走。弃义以求生，我荀巨伯是那样的人吗？"

正在这时门被踢开，一个彪形大汉带领几个随从冲了进来。

友人十分着急，荀巨伯却镇定如常。

大汉见屋中只有两个男子，一个卧病在床，一个亲为递水，便大声地问荀巨伯道："我大军一到，一郡尽空，你是何人，竟敢独自停留？"

荀巨伯从容不迫地回答道："在下荀巨伯，因友人重病在身，无人照顾，因此千里探视，不忍离去。望刀下留情，要杀就杀我，千万不要伤友人之命！"

大汉想不到一郡尽空，竟有人愿舍己救友，十分感动，便对随从说："我等不该入此有义之国，走！"说完，向荀巨伯一拱手，转身出门而去。

精彩赏析

这个故事讲述了荀巨伯讲仁义，重友情，轻生死的感人事迹。正所谓"患难见真情"，荀巨伯的这种做法，正是一个真正的朋友的做法。

快乐学习屋

小朋友，这个故事让你明白了什么道理呢？

中华传统美德故事

133

管仲与鲍叔牙

管仲，春秋时期齐国著名的政治家、军事家，被称为"春秋第一相"，辅佐齐桓公成为春秋时期的第一霸主。

故事再现

管仲和鲍叔牙是春秋时期的政治家，他们俩是好朋友。早年间，管仲比较穷，鲍叔牙比较富有，但是他们彼此了解、相互信任。

管仲和鲍叔牙早年合伙做生意，管仲出很少的本钱，分红的时候却拿很多钱。鲍叔牙毫不计较，他知道管仲的家庭负担大。有好几次，管仲帮鲍叔牙出主意办事，反而把事情办砸了，鲍叔牙非但不生气，还安慰管仲，说："事情办不成，不是因为你的主意不好，而是因为时机不好，你别介意。"

管仲曾经做了三次官，但是每次都被罢免，鲍叔牙认为不是管仲没有才能，而是因为管仲没有碰到赏识他的人。管仲参军作战，临阵却逃跑了，鲍叔牙却没有嘲笑管仲怕死，他知道管仲是因为牵挂家里年迈的母亲。

后来齐桓公想让鲍叔牙当丞相，帮助他治理国家。鲍叔牙却认为自己没有当丞相的能力，他大力举荐管仲。齐桓公被鲍叔牙说服，让管仲

当了丞相，而鲍叔牙却甘心做管仲的助手。在管仲和鲍叔牙的合力治理下，齐国成为诸侯国中最强大的国家，齐桓公成为诸侯王中的霸主。

鲍叔牙死后，管仲在他的墓前大哭不止，想起鲍叔牙对他的理解和支持，他感叹说："生养我的是父母，但是真正了解我的是鲍叔牙啊！"

精彩赏析

人们常常用"管鲍之交"来形容自己与好朋友之间亲密无间、彼此信任的关系。真正的朋友应该是帮助对方更好地发展。所以，孔子说："友直、友谅、友多闻，益友也。"

快乐学习屋

小朋友，你觉得管仲和鲍叔牙是真正的朋友吗？为什么呢？你从这个故事中获得了什么启示呢？

宋弘念旧

知识简介

宋弘，字仲子，东汉光武帝时期的官员。

毫不避讳：丝毫不回避，不忌讳地做某事。

喜新厌旧：喜欢新的，厌弃旧的。

故事再现

宋弘早年娶妻，但妻子却一直没有生育。当时，光武帝刘秀的姐姐湖阳公主刚刚守了寡。她还很年轻，很想再找个丈夫。光武帝就试探着问她："在我朝文武百官中，你觉得哪一个比较好呢？"湖阳公主毫不避讳地说："大司空宋弘才貌出众，人品高尚，在群臣中，是个出类拔萃的人物。"言下之意，光武帝当然十分清楚——姐姐愿意嫁给宋弘。其实，光武帝也很赏识宋弘，如果宋弘能够和姐姐结合，那么皇家又多了一个人才。于是，光武帝从中撮合他们，给他们做媒。

有一天，光武帝把宋弘招进宫来，并让湖阳公主坐在屏风后面观察。当宋弘坐定后，光武帝便说："俗话说，地位高了换朋友，钱财多了换老婆。这合乎不合乎人情呢？在我朝中，像你这样还守着一个老婆过的大臣已经不多了，难道你就不想换个妻子吗？"

宋弘不假思索地说："我觉得，作为一个诚实守信的正派人，在处

理个人生活问题的时候，应该做到'贫贱之交不可忘，糟糠之妻不下堂'，同过甘苦、共过患难的人是应该始终相守在一起的。有钱有势后就喜新厌旧，那是势利小人的所为，我是看不起这些人的。"

宋弘已经把话说到这个份儿上，光武帝也就不好再张口提湖阳公主的事情了。宋弘走后，光武帝对湖阳公主说："宋弘的话，你都听见了，看来他是不会弃妻另娶了。姐姐还是另作考虑吧。宋弘是个真君子啊！"

精彩赏析

宋弘的做法千古流传，他真正做到了不讨好巴结富有的人，不在穷人面前骄傲自大或者轻视他们，不喜新厌旧，对朝夕相处的妻子念念不忘。

快乐学习屋

小朋友，光武帝为什么把宋弘招进宫去？宋弘对于光武帝的一番话是如何回答的？你怎么看待宋弘的说法？为什么？

朱家与季布

知识简介

夏侯婴，西汉开国功臣之一。他与刘邦是少时的朋友，跟随刘邦起义，立下战功，后封为汝阴侯。

故事再现

朱家与季布，是秦末汉初的一对朋友。季布是西楚霸王项羽手下的战将，刘邦战胜项羽之后，悬赏千金捉拿季布，并下令谁敢窝藏季布就将其诛灭三族。

季布开始时藏在濮阳县一个姓周的人家，可是眼看朝廷就要搜过来了，周姓人家把季布装扮成奴隶，卖给侠士朱家，希望朱家能帮助季布躲过一劫。

朱家知道周姓人家是想把季布托付给自己，于是就把化装成奴隶的季布买了下来。朱家让季布到田里去干活，随后，朱家乘车赶到洛阳，拜见汝阴侯夏侯婴。朱家寻机对夏侯婴说："季布犯了什么大罪，皇上要花这么大力气抓他？"夏侯婴说："季布曾有好几次帮着项羽把皇上弄得走投无路，所以皇上恨他，非抓住他不可。"

朱家问："您看季布这个人怎么样？"夏侯婴说："我看他是个有本事的人。"朱家说："做臣子的都必须各为其主，季布为项羽卖力，

那正是他的职责。难道凡是为项羽做过事的人都要杀头吗？如今皇上刚刚坐了江山，就为了个人的私愤通缉人，这让天下人看着是多么没有度量啊！再说凭着季布的这份能耐，朝廷把他逼得这么急，那他就只能不是北逃匈奴，就是南逃南越了。为了忌恨一个人才，而逼得他去投奔敌国，为敌国所用，您为什么不好好和皇上谈谈呢？"

夏侯婴知道朱家是个大侠客，于是就答应说："好吧。"后来，夏侯婴就找了个机会，把朱家对他所说的这番话向刘邦说了，刘邦觉得有理，于是下令赦免了季布，任命季布当了郎中。

精彩赏析

朱家为了季布去游说夏侯婴，晓之以理，动之以情地分析重用季布和追捕季布的利害关系，说服夏侯婴，让季布不仅获得生机，还能施展才能，朱家真不愧是重义的侠士。

快乐学习屋

小朋友，刘邦为什么下令追捕季布？朱家是怎样说服夏侯婴的？读了这个故事，你从朱家身上学到了什么品质？

朱晖跟张堪的故事

相见恨晚：只恨相见得太晚。形容一见如故，意气极其相投。

托付：委托、交付、犹嘱咐。

故事再现

东汉时，在南阳有这么两个人，一个叫朱晖，一个叫张堪。有一次，两人偶然在太学里结识，真所谓相见恨晚，他们相处虽短短几天，但却结下了深厚的友情。

分别的时候，张堪握着朱晖的手说："哪天我去世了，我希望把我的妻儿托付给你。"

那个时候，张堪已经当官了，而且政绩很不错，世人很肯定张堪的贡献。朱晖一听，心想：我与张堪才相处几天，他竟然把如此重大的事情托付给我，再说他政绩那么好，怎么还需要我照顾呢？就没有搭腔。

离开太学之后，两个人就没有再见面了。结果过了一段时间，张堪去世了，朱晖听到这个消息，想起张堪之前的嘱托，就赶紧到他家去了解他妻儿的状况，确实很贫困，需要帮助。

朱晖把带来的银子交给张堪的妻子，让她购买粮食和布匹。张堪的妻子感动得不知如何是好，连忙拉着几个孩子朝朱晖跪下以表谢意。朱

晖还礼道："大嫂，不必如此，张堪在世时，曾嘱咐我照应你们母子。"

朱晖回家后，他的儿子问道："父亲，孩儿从来没有听说过你有张堪这样一位朋友，为什么要花费钱财照顾他的家人呢？"朱晖道："张堪生前虽和我交往短暂，却视我为至交，将妻子、儿女托付给我。尽管这事当初只有我和张堪两人知道，但我怎能欺骗自己，失信于自己的良心，失信于朋友呢？

精彩赏析

古代人对友人的一句嘱托，终身守信。朱晖的故事告诉我们，要奉行诚实、守信，绝对不能见利忘义。

快乐学习屋

小朋友，张堪曾嘱托朱晖什么事情？张堪和朱晖是经常交往、关系很密切的朋友吗？朱晖是如何对待朋友的嘱托的？你从这个故事里懂得了什么道理？

141

曾参教子

曾参，世人尊称为曾子，春秋时鲁国人。十六岁拜孔子为师，勤奋好学，颇得孔子真传。编《论语》、著《大学》、写《孝经》、著《曾子十篇》。

故事再现

有一天早晨，曾参的妻子忙完了家务，就想上街去买点东西。正在家门口玩耍的小儿子看见了，高兴地跑了过来，缠着妈妈带他一块儿去。

曾参的妻子摇了摇头说："妈妈是去办事，不是去玩!"小儿子又哭又闹，拉住妈妈的衣服，说："我要和你一起去嘛!"曾妻被闹得没有办法，回过头正好看见自家院子的那头小猪，又想起儿子最喜欢吃肉，就随口应允说："好乖乖，妈妈回来就把小猪杀了，炖肉给你吃!"

听到妈妈的保证，小儿子高兴极了，这才放她走。

曾参的妻子从街上回来，还没有进家门，她就看见丈夫正在院前的大树下准备杀猪。那头小猪被捆了四蹄，"嗷嗷"地叫着，雪亮的尖刀搁在水盆边……

见此情景，她大吃一惊，马上明白了是怎么回事，赶忙制止曾参

说："我刚才是和孩子说着玩的呀，你怎么当真杀猪呢？"

曾参语重心长地对妻子说："孩子是不能欺骗的。他年龄还小，不懂事，只会学父母的样子，相信父母说的话。咱们今天说话不算数，那么孩子也就学会了说谎。再有，他以后还信不信咱们的话啦？"

曾参终于说服了妻子，真的把小猪杀了。

精彩赏析

要教育出诚实的孩子，首先父母必须诚实。答应孩子的事情，就一定要办到，否则给孩子树立一个言行不一的反面形象，对孩子的成长会起到反作用。

快乐学习屋

小朋友，你怎么看待曾参的做法？为什么？

孟母三迁

孟子，中国古代著名思想家、教育家，战国时期儒家代表人物。著有《孟子》一书，继承并发扬了孔子的思想，成为仅次于孔子的一代儒家宗师，与孔子合称为"孔孟"。

孟子是战国时期的大思想家。孟子从小丧父，全靠母亲倪氏一人日夜纺纱织布，挑起生活重担。倪氏是个勤劳而有见识的妇女，她希望自己的儿子读书上进，早日成才。一次，孟母看到孟子在跟邻居家的小孩儿打架，孟母觉得这里的环境不好，于是搬家了。

又一天，孟母看见邻居铁匠家里支着个大炉子，几个满身油污的铁匠师傅在打铁。孟子呢，正在院子的角落里，用砖块做铁砧，用木棍做铁锤，模仿着铁匠师傅的动作，玩得正起劲儿呢！孟母一想，这里环境还是不好，于是又搬了家。

这次她把家搬到了荒郊野外。一天，孟子看到一溜穿着孝服的送葬队伍，哭哭啼啼地抬着棺材来到坟地，几个精壮小伙子用锄头挖出墓穴，把棺材埋了。他觉得挺好玩，就模仿着他们的动作，也用树枝挖开地面，认认真真地把一根小树枝当作死人埋了下去。直到孟母找来，才

把他拉回了家。

孟母第三次搬家了。这次的家隔壁是一所学堂，有个胡子花白的老师教着一群大大小小的学生。老师每天摇头晃脑地领着学生念书，那拖腔拖调的声音就像唱歌，调皮的孟子也跟着摇头晃脑地念了起来。孟母看到儿子喜欢念书了，高兴得很，就把孟子送去上学。

后来，孟子由于天资聪明，又专门跟孔子的孙子子思学习，终于成了儒家学说的主要代表人物。

精彩赏析

"近朱者赤，近墨者黑。"与什么样的人相处，常常会影响到自己。也有说：学好三年不足，学坏一日有余。这就是孟母三迁的原因。因此，善于学习之人，会很谨慎地选择朋友。

快乐学习屋

小朋友，孟母为了孟子能有良好的学习环境，搬了几次家？每一次都是因为什么原因搬家的？读了这个小故事，你明白了什么道理呢？

画荻教子

知识简介

欧阳修，北宋政治家、文学家，且在政治上负有盛名。后人又将其与韩愈、柳宗元和苏轼合称"千古文章四大家"。

故事再现

欧阳修出身于封建仕宦家庭，他的父亲欧阳观是一个小吏。在欧阳修出生后的第四年，父亲就离开了人世，于是家中生活的重担全部落在欧阳修的母亲郑氏身上。

为了生计，母亲不得不带着刚4岁的欧阳修从庐陵（今江西永丰）来到随州（今湖北随县），以便孤儿寡妇能得到在随州的欧阳修叔父的些许照顾。

欧阳修的母亲郑氏出生于一个贫苦的家庭，只读过几天书，但却是一位有毅力、有见识、又肯吃苦的妇女。她勇敢地挑起了持家和教养子女的重担。

欧阳修很小的时候，郑氏不断给他讲如何做人的故事，每次讲完故事都作一个总结，让欧阳修明白做人的很多道理。她教导孩子最多的就是，做人不可随声附和，不要随波逐流。

欧阳修稍大些，郑氏想方设法教他认字写字，先是教他读唐代诗人

周朴、郑谷及当时的九僧诗。尽管欧阳修对这些诗一知半解，却增强了他对读书的兴趣。

眼看欧阳修就到上学的年龄了，郑氏一心想让儿子读书，可是家里太穷，买不起纸和笔。

有一次，她看到屋前的池塘边长着荻草，突发奇想，用这些荻草秆在地上写字不是也很好吗？

于是她用荻草秆当笔，铺沙当纸，开始教欧阳修练字。欧阳修跟随母亲的教导，在地上一笔一画地练习写字，反反复复地练，错了再写，直到写对写工整为止，一丝不苟。

精彩赏析

欧阳修的母亲是"中华贤母"之一，她教欧阳修做人的道理，用荻草秆教欧阳修练字，培养欧阳修成为国家栋梁，是父母中的表率。

快乐学习屋

小朋友，欧阳修的母亲是怎样教育欧阳修做人的？又是怎样教育欧阳修学习的？你怎样看待欧阳修的母亲的教育方法？为什么？

郑板桥临终教子

　　郑板桥，原名郑燮，字克柔，江苏兴化大垛人，祖籍苏州，清朝官员、学者、书法家。他是"扬州八怪"之一，其诗、书、画均旷世独立，世称"三绝"。

　　"扬州八怪"之一的郑板桥，不但文才高，诗、书、画自成一格，而且人品佳，做官时体察民情，关心百姓疾苦，罢官后注重家教，对子女要求极严。

　　老来得子，人皆爱之，何况郑板桥老来膝下所得，只一个儿子呢？郑板桥对这个儿子，非但不溺爱娇纵，临终之际，仍不忘从严教子做人。

　　有一天，72岁的郑板桥病危卧床，他让人把儿子叫到病床前，有气无力地给儿子提出一个难题：想吃他亲手做的馒头。父亲的要求，儿子不敢违背，口头上勉强答应后，心里却忍不住嘀咕：你明明知道我不会做馒头，想吃馒头买来就是了，为什么偏偏要吃我亲手做的呢？父亲看出了儿子的心思，接着说：如何做馒头，你可以去请教厨师。

　　儿子无法，只得去请教厨师。往日只吃过馒头，从来没做过，没料

到要发酵、和面、揉面、大火上汽、小火蒸熟，费了九牛二虎之力，才把馒头做好。

当儿子满心高兴地把自己做的馒头端给父亲时，郑板桥在病床上已断了气。儿子悲痛地跪哭在床前，突然发现茶几上有一张纸条，拿起一看，上面写着：淌自己的汗，吃自己的饭；自己事自己干，靠天、靠人、靠祖先，不算是好汉。

这时，郑板桥的儿子一下子明白了，父亲命在旦夕，却要吃自己做的馒头，原来是挂念自己，今生怎样做人呀！

精彩赏析

靠人不如靠己，这是教育子女的真谛。郑板桥临终教子的启示正在于要教育孩子学会自理、自立、自强。

快乐学习屋

小朋友，郑板桥临终前给儿子提出了什么难题？他为什么要这么做？他给儿子留的纸条上写着什么？你从这个故事里懂得了什么道理？

陈氏教子

知识简介

省吃俭用：形容生活简朴，吃用节俭。

困窘：贫困窘迫、为难。

故事再现

宋朝时，有一个叫余楚的人，他的妻子很早就离世了，留下两个儿子，他便又娶了妻子陈氏。陈氏为余楚生了一个儿子叫作余翼。余翼3岁那年，余楚就去世了。族中长辈主持分配遗产，陈氏对于余楚死后的遗产分文未取，全部让给了余楚前妻生的两个儿子。

陈氏怕自己的儿子心生不满，便对儿子说："你的两个哥哥亲娘死得早，很可怜，现在父亲又去世了，没有遗产他们很难过活。可是你还有娘在，就不要和他们争了。"

后来，陈氏省吃俭用地将余翼抚养长大，等到余翼15岁时，陈氏对他说："你长大了，该去考取功名，这里已经不能再让你增长知识了，你需要去外面游学。你不用担心我，娘的身体还算康健，可以照顾自己。"这时陈氏已经十分贫困，连吃穿都很难保证。余翼听后，非常诚恳地叩别了娘亲，踏上了求取功名的漫漫长路，这一走就是15年。

余翼30岁才中了进士，回来接他的母亲陈氏。陈氏还惦记着余楚

前妻的那两个儿子，托人去打听他们生活得如何，得知他们生活十分困窘后，就让自己的儿子将他们接过来同住，以便能时时刻刻照应他们。

精彩赏析

陈氏身为继母，不但没有多分财产给自己的儿子，反倒把儿子应得的那份财产让了出去；当自己的儿子考中进士时，她想到了两个继子生活困难，便将他们接过来，照应他们的生活，这份胸怀是何等的难得。

快乐学习屋

小朋友，陈氏是如何处理余翼的父亲留下的遗产的？余翼中了进士，母亲陈氏又做了什么？你怎么看待陈氏的这些做法？为什么？

陈冯杖子

知识简介

陈尧咨，宋代官员、书法家。字嘉谟，阆州阆中人。真宗咸平三年进士第一，状元。

故事再现

北宋时，节度使陈尧咨的母亲冯夫人治家非常严谨，她的三个儿子都中了进士。陈尧咨是她的第三个儿子，但是冯夫人从来不曾娇惯这个小儿子。

有一次，陈尧咨做了荆南太守回来，全家人都欢欢喜喜地到大门口迎接他。冯夫人看见他，就问："你在有名的地方做了官，这么长时间过去了，你有没有突出的政绩呢？"陈尧咨很惭愧地说："没有。"冯夫人听了，心里就不高兴了，摇头叹气地走开了。

有一天，家里的人说着闲话，冯夫人路过时听见其中一个人说："咱们的小老爷，那才叫一个气派，过路的客人和小老爷较量射箭，没有一个不让着他的。

只听另一个说："小老爷本来就箭术高超，再说，这荆南可是往来的要道，小老爷是荆南的父母官，有哪个不长眼的敢抢小老爷的风头啊。"

冯夫人听了大怒，气冲冲地把陈尧咨叫到跟前，说："你的父亲教训你，叫你要尽忠尽孝去辅助国家，现在你做了官，不晓得施行仁政去教化百姓，反而专门学了一种小小的技艺，自己炫耀着，这哪里是你父亲当初教训你的愿望呢？"说完话，就拿了拐杖打他，把他身上佩戴的金鱼袋，都打落在地上跌碎了。

精彩赏析

冯夫人知道擅长射箭并不是太守的本职，所以，虽然儿子身居要职，依然要拿拐杖去责打他、教育他。孩子行得正，父母就应该随从孩子；父母行得正，孩子自然应该随从父母。

快乐学习屋

小朋友，大家都在门口迎接陈尧咨时，冯夫人为什么摇头叹气地走开了？当冯夫人知道陈尧咨沉溺于和人较量射箭时，她是怎么做的？为什么这么做？你从中明白了什么道理？

孟宗哭竹生笋

知识简介

孟宗，三国时荆州（今湖北省）人，少年时师从南阳李肃，后官居吴国司空。

无计可施：计，策略、办法；施，施展。没有办法可用。

故事再现

冬季吃笋，现在是很平常的事情，但是在三国时期那可比登天还难，然而，就有孟宗之母因儿子的孝在冬季喝上了新鲜的笋汤。

孟宗幼年丧父，与他的寡母相依为命。他的母亲想方设法让他读书习礼，孟宗对母亲也十分孝顺。

母亲不管生活如何困苦，一心要让孩子读书，以使孩子将来能出人头地。县试的时候，孟宗的母亲缝了一条特别大的被子，好让那些贫困的考生取暖，于是，她的名声传遍了各地。

一天，母亲病得很重，突然想喝笋汤。因为时值深冬，天寒地冻，哪里会有鲜笋呢？但孟宗非常希望母亲的身体能好起来，在担忧中他独自一人来到了竹林，只有一片黄竹在风中摇曳，孟宗无计可施，心里更加难受，于是抱着竹子痛哭起来。哭过一阵后，他发现地上一下子冒出了许多嫩笋。他挖出土坑中的笋尖，给母亲熬了笋汤。母亲喝了笋汤之后，病情果然大有好转。

后来，孟宗更加勤奋、努力，终于成为一位学者，并且当上朝中的大臣，做了许多有益的事情。

精彩赏析

孟宗"哭竹生笋"的故事有点神化，但孟宗对母亲的孝敬却是一种真挚的情感。"哭竹生笋"在现实中难以出现，但因孝心而显现之奇迹，却是大家的共同愿望。

快乐学习屋

小朋友，孟宗的母亲生病时有个什么心愿？当时是什么季节？孟宗是怎么完成母亲的心愿的？读了这个故事，你有什么感想？

郯子鹿乳奉亲

严父慈母：严，严格；慈，慈爱。严厉的父亲，慈祥的母亲。

苦思冥想：尽心地思索和想象。

郯子出生在一户普通的农民家庭，父母膝下只有他一个儿子。一般来说，人们总是对独生子女娇生惯养，十分溺爱。可是，郯子的父母却不是这样。他们从小就对郯子进行严格的管教，无论是穿衣吃饭、坐卧玩耍，还是读书写字、待人接物，时时刻刻都注意培养郯子美好的道德情操和良好的生活习惯，杜绝一切恶习。

在严父慈母的关怀教育下，郯子一天天地长大了，从一个稚嫩的小童成长为一个小伙子。

可是，在郯子26岁那一年，他的父母同时染上了一种奇怪的眼疾。先是痒，后来又疼，最终竟然都双目失明了。郯子到处求医问药，整天在外奔波，也不知道试了多少种偏方奇药，数年过去了，父母的眼睛依然见不到丝毫光明。

有一天，郯子又获得了一个良方：野鹿乳。

可是草原上的野鹿都是成群结队地出来饮水觅食，每个鹿群中都有

好几个年轻力壮的公鹿负责警戒保卫，只要听到一点异常的动静，整队野鹿顷刻间就会跑得无影无踪。在这种情况下，要接近鹿群已是十分困难，再想挤取鹿乳，几乎是不可能的事。

郯子苦思冥想，终于想出一个办法。于是他穿上了鹿皮，往深山鹿群中走去，想这样去取得鹿乳供奉双亲，没想到被打猎的人发现。正当猎人举起弓箭要射杀他时，他急忙喊道："我为了取得鹿乳，给患有眼疾的双亲吃才穿上鹿皮，混到鹿群中挤取鹿乳。"猎人仔细一看，原来真的是一个人，幸好没有射箭。猎人听了郯子取鹿乳的故事，非常感动，就帮他一起挤取鹿乳，并护送他出山。

精彩赏析

听说喝鹿乳能治病，郯子就义无反顾地披着鹿皮到鹿群里去找鹿乳。郯子为父母不顾一切的付出精神，以及战胜困难的决心和毅力，值得我们学习。

快乐学习屋

小朋友，郯子小时候父母是如何管教他的？父母失明了，郯子获得了什么良方？他为了治疗父母的眼疾做了些什么？你从郯子身上学到了什么品质？

157

王祥卧冰求鲤

王祥，字休徵，琅玡临沂（今山东临沂）人。三国曹魏及西晋时大臣，"书圣"王羲之的族曾祖父。

身怀绝技：指拥有独一无二、超群的技艺。

故事再现

王祥早年丧母，一直由继母朱氏抚育成人。继母朱氏不慈，对王祥十分刻薄，但王祥感激她的养育之恩。尽管继母在父亲面前搬弄是非，他对继母仍然十分孝顺。有一天，王祥的继母染上了重病，全身浮肿，卧床不起。为了给继母治病，王祥与父亲四处求医，然而继母的身体却始终未见好转。到了冬季，继母的病情日趋严重。

王祥听说外地有一位身怀绝技的老中医，就设法把他请到家里为继母治病。老中医诊过后对王祥说："你老娘外伤饮食，内患郁积，用药治疗效果不是很好，但有一祖传秘方可以一试。只需用鲜活鲤鱼，加米醋，用文火烹出浓汁后，喝汤食肉即可。"王祥听后先是一喜，喜的是这些并非难求的名贵药材；后是一愁，愁的是这数九寒天，河面已结冰，哪里有鲜活的鲤鱼呢？

王祥独自郁闷地来到屋后的池塘边，望着结着厚厚的冰的池塘发

呆，突然一个大胆的念头在他脑海中闪现：何不用身子把冰融化，这不就可以捉到鲤鱼了吗？想到这里，王祥脱掉棉袄，光着膀子仰卧在冰面上……渐渐地，冰面开始融化。突然，王祥感到背上被什么东西咬了一下，他赶忙翻身一旁，奇迹出现了——一条三尺长的大鲤鱼从水中跃出跌落在冰面，接着又是一条跃出。王祥来不及细想，抱住鲤鱼赶紧回家。

说来也神，继母吃了米醋鲤鱼后病情真的有所好转。王祥卧冰求鲤的故事就这样被传开了。

精彩赏析

继母对王祥并不好，可是继母病了，王祥依然不顾自己的生命安危跑到池塘捉鱼。可见，他对继母非常宽容与孝顺，这正是我们要向他学习的地方。

快乐学习屋

小朋友，继母平时是怎样对待王祥的？王祥听说活鲤鱼能治疗继母的疾病后，又是怎么做的？读了这个故事，你有什么想法？为什么？

王裒（póu）闻雷泣墓

高风亮节：形容道德和行为都很高尚。高风：高尚的品格；亮节：坚贞的节操。

不为所动：不受外力影响，不管别人怎么说怎么诱惑，都能坚持自己的初衷和原则。

故事再现

三国的时候，魏国有一个叫王裒的人，非常孝顺。

王裒的父亲王仪当时在朝廷里当官。有一次，大将军司马懿出兵，在这次战争当中，很多士兵战死了，所以，司马懿就在上朝的时候，询问手下的这些文武百官，要大家分析这次战役为什么会损失惨重。结果没有人敢张嘴说话，唯独王仪是一个高风亮节之人，他直率地说："这次战役的责任完全归于元帅。"大家都知道，元帅就是司马懿，所以，司马懿非常生气，一怒之下就把王仪拉出廷外问斩。

父亲冤屈而死，王裒非常难过。王裒自幼饱读诗书，所以，他的学问、品行非常好，朝廷也屡屡征召他为官，可是王裒面对金钱名利的诱惑，都不为所动。

父亲去世后，王裒在母亲的抚育下渐渐长大，王裒对母亲也百般孝

顺。只要是母亲的事情就亲力亲为，体贴入微。他将全部的孝心都放到了母亲身上。除了亲自照料母亲的饮食起居外，还常陪她说话，逗她开心，解除老人精神上的孤独和凄苦。母亲病了，他日夜侍候在床前，衣不解带地喂汤喂药。

母亲天生害怕打雷，每当下雨打雷的时候，他便将门窗关得严严实实的，拉着母亲的手，绝不离开半步。很多年以后，王裒的母亲久病不治，溘然长逝。他悲痛万分，将父母合葬一处，虔诚恭谨地守丧尽孝，每天早晚，都到墓前祭奠。他惦记着母亲雨天怕打雷，每当刮风下雨的天气，一听到轰隆隆的雷声，便狂奔到父母的墓地，跪拜着哭诉说："儿子王裒在此，母亲您千万别怕！"

精彩赏析

王裒为了表达对父亲的孝，不为官；为了表达对母亲的孝，细致入微地照顾母亲，爱护母亲，王裒的孝心令人感动，非常值得我们学习。

快乐学习屋

小朋友，王裒是如何表达自己对父亲的孝心的？又是如何孝顺母亲的？你从这个故事里得到了什么启示？

仲由负米养亲

知识简介

仲由，字子路，又字季路，春秋末鲁国人，孔子得意门生，跟随孔子周游列国，深得器重，是孔门七十二贤之一。

故事再现

仲由非常孝敬父母。他从小家境贫寒，非常节俭，经常吃一般的野菜，吃得很不好。仲由觉得自己吃野菜没关系，但怕父母营养不够，身体不好，很是担心。

家里没有米，为了让父母吃到米，他必须要走到百里之外才能买到米，再背着米赶回家，奉养双亲。百里之外是非常远的路程，也许现在有人也可以做到一次，两次，可是一年四季一直如此，就极其不易。然而，仲由却甘之如饴。为了能让父母吃到米，不论寒风烈日，都不辞辛劳地跑到百里之外买米，再背回家。

冬天，冰天雪地，天气非常寒冷，仲由顶着鹅毛大雪，踏着河面上的冰，一步一滑地往前走，脚都被冻僵了。抱着米袋的双手实在冻得不行，便停下来，放在嘴边暖暖，然后继续赶路。

夏天，烈日炎炎，汗流浃背，仲由都不停下来歇息一会儿，只为了能早点回家给父母做可口的饭菜；遇到大雨时，仲由就把米袋藏在自己

的衣服里，宁愿淋湿自己也不让大雨淋到米袋；刮风就更不在话下了。

后来仲由的父母双双过世，他南下到了楚国。楚王聘他当官，给他很优厚的待遇。一出门就有好几辆马车跟随，每年所得俸禄非常多。所吃的饭菜很丰盛，每天山珍海味不断，过着富足的生活。

但他并没有因为物质条件变好而感到欢喜，反而时常感叹。因为他的父母已经不在了，即使想再负米养亲，都永远不可能了。他多么希望父母能和他一起过好生活啊！

精彩赏析

尽孝并不是用物质来衡量的，而是要看对父母是不是发自内心的诚敬。如果能够在任何情形之下，都不辞劳苦，尽力做到父母所需，就是孝心。

快乐学习屋

小朋友，仲由家里没有米的时候，他去哪里买米？他是怎样不辞辛苦买米的？你认为仲由的做法算是孝顺吗？为什么？这个故事对你有何启示？

163

韩伯愈挨杖伤老

知识简介

气喘吁吁：形容呼吸急促，大声喘气。

健朗：健康硬朗。

故事再现

有一个人叫韩伯愈，西汉时期大梁（今河南省开封市）人，他生性纯正，对父母非常孝敬。

韩伯愈的母亲从小就对他管得很严，希望儿子在她的严格管教下，将来能有大作为。所以，每当韩伯愈有什么地方没做好，母亲就会举起拐杖打他，以示警诫。韩伯愈从来都任凭母亲杖打，也不说什么，因为他心里明白母亲也是为他好。

有一天，韩伯愈又做错了一件小事，母亲非常伤心，于是就拿起拐杖打他。母亲一边打一边生气地说："我都告诫你多少次了，做一件事就应该把它做好，可是你看看你现在做的事，这样以后怎么会有出息呢？你说你该不该挨打？"

韩伯愈低声说："母亲说的是，我今天是太草率了，您打得对。"

又过了一阵，母亲打得越来越轻，韩伯愈一点都没有感到疼痛，于是他抬起头，望着母亲两鬓的白发，看着母亲因打自己而气喘吁吁的样

子，忍不住流下了眼泪。

母亲看到韩伯愈哭了，觉得很奇怪，忙问："儿子呀，以前娘亲打你的时候，你从来都不会流一滴眼泪，甚至还会显出乐意挨打的样子。可今天是怎么啦？你为什么哭了呢？"

韩伯愈一边流泪一边说："母亲，您以前打我时，我觉得浑身疼痛，知道母亲还有力气，身体还很健朗。可是今天您打我时，我感觉不到疼痛，于是知道母亲的身体不好，体力也衰弱了许多。我流泪是因为担心母亲的身体，而不是因为疼痛。"

精彩赏析

人间重美德，百善孝为先。孝顺的人时刻把父母放在心中，最常见的事物也会引起他们对亲人的关爱。

快乐学习屋

小朋友，韩伯愈做错了事情，母亲是怎么处理的？他忍不住流下了眼泪是因为母亲打得疼吗？你从这个小故事里明白了什么道理？

赵孝和赵礼争死

三长两短：指意外的灾祸或事故。特指人的死亡。

气势汹汹：形容气势凶猛。汹汹：气势盛大的样子。

故事再现

汉朝有对兄弟叫赵孝、赵礼，兄弟俩相处得十分友爱。有一年，粮食减产欠收，饥荒严重，强盗横行。这一天，强盗竟然把弟弟赵礼给抓走了，准备拿赵礼来充饥。

赵孝听说弟弟被抓走了，焦急地想："要是弟弟有个三长两短，可怎么对得起父母啊！"想到这里，赵孝一路赶到强盗那里，冲到强盗的面前哀求说："我弟弟是一个病人，身体又瘦弱，他的肉不好吃，请你们放了他吧！"

强盗们一听大怒，气势汹汹地说："放了他，我们吃什么？"赵孝听强盗这样一问，就赶紧说："只要你们放了赵礼，吃我，我的身体很好，没有病，还很胖。"

强盗们听了赵孝的这番话，一下子都愣住了，他们没想到天下还有这样甘愿送死的人。

赵礼听了哥哥的话，大喊："不行！不可以那样做的！"旁边一个

强盗就向赵礼吼道："为什么不行？"赵礼哭着说："被抓来的是我，被你们吃掉，这是我的命，可是哥哥他有什么罪过呀？怎么可以让他去死呢？"听罢此言，赵孝连忙扑到弟弟面前，兄弟俩相拥在一起互劝对方要让自己去死，情急之下，他们泣不成声。

这些强盗听着兄弟俩互相争死的话语，望着手足之间舍身相救的场面，被这人间的真情真义感动了，于是就放走了兄弟俩。

精彩赏析

俗话说："兄弟如手足。"赵氏兄弟能够首先顾及对方的安危，丝毫不顾个人的凶险，足见他们已深深明白，自己的身体与弟兄的身体都是父母身体的一部分，同体相生。

快乐学习屋

小朋友，这个故事最后发生了什么奇迹？你从赵孝、赵礼两兄弟身上学到了什么？

用心良苦的许武

知识简介

严声厉色：说话急躁，脸色严厉。形容发怒时对人说话的神情。

用心良苦：很费心思地反复思考。用心：认真思考；良：很。

故事再现

汉朝许武，有三个兄弟，父亲很早就过世了，两个弟弟一个叫许宴，一个叫许普，年纪还非常小。在过去传统的家庭里长兄如父，父亲过世了，身为长兄的许武，必须要肩负家庭的重任，不但要负责生计，更要提携照顾两个弟弟。

许武知道他的责任重大，白天到田里劳作时，就把弟弟安置在树下荫凉的地方，教两个弟弟学习如何耕种；晚上回家后教两个弟弟读书，非常辛劳。如果两个弟弟不肯受教，他就跑到家庙向祖先禀明，今天我教导不利，所以两个弟弟才不受教。他把所有的责任独自承担下来，在祖先面前告罪，是自己的过失，忏悔自己没有尽心尽力，直到两个弟弟哭泣着来请罪，许武才站起，而且他始终没有严声厉色地对待弟弟们。

许武到了壮年还没有娶妻，有人劝他，他回答说："我恐怕找到不适当的人选，反而使兄弟的情感出现嫌隙！"

后来许武被推荐为孝廉。为了让两个弟弟也能够成名，跟他一样被举孝廉，就故意把家产分为三份，自己取最好的，让弟弟得到的又少又不好，让所有亲朋好友、邻里都骂他这个哥哥贪婪，推崇两个弟弟谦让。等到弟弟在品德、学问和产业上有一点点成就，也被推举为孝廉时，哥哥才把他成就两个弟弟的苦心告诉弟弟们。两个弟弟非常惊讶，没想到哥哥竟然是这样的长兄，如此用心良苦！

精彩赏析

许武在弟弟们小的时候教他们耕地读书，弟弟们大了，他愿意牺牲自己的名节来促成弟弟们的美好名声，有这样的哥哥，兄弟之间相处自然融洽。

快乐学习屋

小朋友，许宴和许普是谁养大的？当他们不受教的时候，会发生什么事情？他们是如何被举为孝廉的？读了这个故事，你懂得了什么道理？

苏少娣感化嫂嫂

知识简介

通情达理：指说话、做事很讲道理。

贤良淑德：形容女性具有温柔贤惠等品德，有良好的涵养和品德。

故事再现

古时候有一个妇女叫苏少娣。其实她娘家姓崔，她是嫁到苏家，做苏家最小的一个儿子的媳妇。苏家有兄弟五人，四个哥哥已经娶妻，等她嫁到这家时，是五媳妇了。

当她出嫁的时候，她已经听闻，这苏家四房的媳妇常常争吵，家庭很不和睦。

当少娣出嫁的时候，她母亲还挺担忧的，到这个不和睦的家庭里面，将来有危险怎么办？结果少娣就说了："如果是木头、石头、鸟、兽，我可能没有办法跟它相处，可是天底下哪有不能相处的人呢？"

少娣嫁到这家来之后，总是很通情达理，对四个嫂嫂非常恭敬，嫂嫂们缺什么东西，她马上说："我有。"于是派婢女送过去。娘家如果有礼品送来，她一定先叫婢女把礼品送到四个哥哥家里去。有些糖果之类的，一定是先分给四个哥哥的孩子。如果是嫂嫂之间传一些闲话、是非的言语，少娣总是笑而不答。

有一次，她刚刚穿了一件锦缎的新衣服，抱着嫂嫂的儿子时，正好孩子撒尿了，嫂嫂一看，马上就要跑过去接。少娣说："不急，小心吓着孩子。"完全没有心疼那件新衣服，这让嫂嫂非常感动。四个嫂嫂都互相说："哎呀，这五婶太贤良淑德了。"后来，妯娌之间和睦相处，不再互相抱怨，说闲话了，这个家庭由此变得非常和睦。

精彩赏析

一般人与人相处，容易"贪利、辞劳、好逸、喜听"就是贪小便宜，有活儿都推给别人做，好讲是非、讲坏话。

有人喜欢讲，必然有人喜欢听，苏少娣恰好没有这些坏习性。

快乐学习屋

小朋友，少娣的母亲为什么担心她嫁到苏家会有危险？少娣为什么不怕嫁到苏家？少娣出嫁后在婆家是如何与嫂嫂们相处的？你从这个故事明白了什么道理？

171

汝敦和他的贤妻

知识简介

贪得无厌：贪心永远没有满足的时候。厌：满足。

喜笑颜开：形容心里十分高兴，满面笑容。

故事再现

三国时候，魏国有个叫汝敦的人，娶了个十分贤德的妻子。

汝敦父母死得早，留下了大笔钱财和大片宅屋。汝敦的嫂嫂是个贪心而吝啬的人，汝敦夫妇俩看到嫂嫂贪得无厌，干脆就把家里的所有钱财和宅屋都让给了她。汝敦的哥哥是个非常懦弱怕老婆的人，迫于老婆的淫威，明知这样做太没良心、太过分，但也只好悉数接受了。

汝敦便和妻子只留下一些田地辛勤耕种着。

一日，汝敦在园中挖土，忽然挖出了一坛金子，他拿去给妻子看，妻子说："这金子是咱们的祖先藏在土里的，既然咱们说了祖先的一切钱财都给哥哥嫂嫂，那么这一坛金子也应当给他们。"于是，她便和丈夫挑着这坛金子来到哥哥家。

嫂嫂一看他们来，以为是挑着担子讨要或借东西来了呢，脸色顿时变得难看极了，非常不高兴，但很快，这个贪心的女人便知道原来他们是来送金子的，又立刻喜笑颜开，忙着去抬金子。

这时，汝敦的哥哥实在看不下去了，对比弟弟、弟媳的德行，他实在又羞愧又气愤，凄恻地说："难道我就甘愿做个小人，而独让弟弟做个君子，让世人都笑话我吗？"一气之下，他把那个贪财又不明理的老婆逐出家门，并亲自把金子还给弟弟，从此，哥哥和弟弟两家十分和睦友爱，日子过得愉快而富足。

精彩赏析

汝敦的妻子愿意把钱财和宅屋都让给哥哥、嫂子，挖到金子也给哥哥、嫂子，这样的德行和哥哥、嫂子形成鲜明对比，值得我们学习。

快乐学习屋

小朋友，汝敦夫妇俩是怎么对待父母留下的钱财和宅屋的？他们挖到的金子又是怎么处理的？汝敦的妻子身上有什么值得我们学习的品质？

穗女抚养弟弟

知识简介

虎视眈眈：像老虎捕食那样注视着。形容贪婪地盯着，随时准备掠夺。

养老送终：指子女对父母身前的赡养和死后的殡葬。

故事再现

明朝有个女孩叫穗女，十八岁时父母都离世了。留下两个弟弟，一个六岁，一个五岁，家中除三姐弟外，再无大人。

乡中的族人知道穗女家里有些钱物，于是欺负他们年纪小，日日虎视眈眈，想来偷抢。穗女早看出族人的歹意，便暗暗发誓：一定要抚养好两个弟弟，并且要保全好门户。等看出那帮歹人想来动手时，她就暗暗预备了几十个火把，又置办了一桌丰盛的酒席，等着那帮族人到来。

一天夜里，天寒地冻，一帮歹人果然趁着月黑天高来敲门了。穗女迅速点燃几十支火把，将家里照得一片通明。又端出那一桌好酒好肉，热情地招呼那帮族人趁热吃。

看到这番情景，那帮本想来打劫的族人都愣住了，既而感到脸热心跳，非常惭愧，便谎称说：他们是夜里赶路，火把灭了，想来借个火。

穗女心知肚明，但也不露声色，只热情地招呼族人吃肉喝酒。从此，他们就把贪羹的念头打消了。

　　穗女一直等到两个弟弟都娶了亲，自己四十五岁方才出嫁。穗女婚后没有孩子，两个弟弟就把她接回来，给她养老送终。

　　穗女为了让弟弟们有个家，勇敢机智地化解了族人的歹意。为了抚养弟弟长大成人，四十五岁才出嫁，这种长姐如母的情谊，让人感动。

快乐学习屋

　　小朋友，穗女的父母离世时她多大？她为什么四十五岁才出嫁？她是如何化解族人的歹意的？读了这个故事，你明白了什么道理？

许衡不食梨

一片狼藉：形容乱七八糟，杂乱不堪。

兵荒马乱：形容战争期间社会混乱不安的景象。荒、乱：指社会秩序不安定。

故事再现

宋朝末年，兵荒马乱，社会秩序很不安定，常常有强盗、土匪来抢劫与掠夺。一天下午，许衡和七八个小伙伴们在外面玩耍，忽听有人大声喊："西山那面的土匪来了！"他和小伙伴们拔腿就逃。这时正值盛夏，骄阳如火，跑了五六里路，大家累得满头大汗。还好，土匪没有追来。伙伴们个个口干舌燥，渴得要命。

突然，一个叫徐亮的小伙伴惊喜地大叫起来："梨，大家快看！"小伙伴们一跃而起，向梨树飞奔而去。只见一座破落的院子里，长有两棵梨树，树上挂满了黄澄澄的梨，院子里一片狼藉，门窗敞开，看样子是遭了抢劫，主人早已没了踪影。

徐亮爬上梨树，一手摘个大的往嘴里塞，一手摘梨子往下扔，小伙伴们嘻嘻哈哈，争着捡梨、吃梨，开心极了。

"咦，怎么许衡独自坐在那里没吃梨？"徐亮感到奇怪，问许衡：

"你不渴吗？"许衡摇了摇头："渴是渴，可梨不是自己的，怎么能随便吃呢？"

"唉，你可真傻，如今兵荒马乱，梨树的主人早就不知去向，为什么不吃呢？"徐亮从袋里取出两只梨："给，快吃吧！别这么傻了。"许衡推开徐亮递过来的梨说："梨虽然暂时无主，可我们心里却不能无主啊！做人要诚实至上，这梨总不能算是自己的，吃了它，和偷盗有什么两样呢？所以，我再渴，也决不吃这无主的梨。"

就是这个当年被小伙伴们称为傻小子的许衡后来成了一位杰出的学者与政治家，受到后人的尊敬。

精彩赏析

"梨虽然暂时无主，可我们心里却不能无主啊！"做人要小心谨慎，高贵正直的品行就像珠宝，无论在什么环境下，都会散发出璀璨的光芒。

快乐学习屋

小朋友，小伙伴们争着捡梨、吃梨时，许衡在干什么？为什么？你从这个故事里得到了什么启示？

遽伯玉不欺暗室

知识简介

光明正大：原指明白不偏邪。现多指心怀坦白，言行正派。

表里如一：形容言行和思想完全一致。

故事再现

有一天晚上，遽伯玉乘马车经过王宫门口。按照当时的礼节，臣子乘车经过王宫门口时应该停下马车敬礼示意后再离开。但到了晚上，宫门已经关闭，又没有人看见，臣子不行礼也是可以的。但遽伯玉认为既然定了这个礼节，就不管是什么时间，有没有人看见，自己都应该遵守。所以，他到了宫门口以后，就停车下来恭恭敬敬地向王宫行礼表达敬意，然后再上车继续前行。

这时，正好卫灵公还没有睡，他正在宫里和夫人南子说话。他听见宫外有马车行驶的声音，知道马车是从东往西走的，到了宫门口还停了一会儿。

他就问南子说："这是谁呀？怎么会在宫门口停下呢？"

南子说："坐车的人肯定是遽伯玉，他乘车从东边往西边去了。"

卫灵公觉得奇怪，就问："你怎么知道那一定是遽伯玉呢？"

南子说："遽伯玉是有名的忠臣、贤人，他光明正大，表里如一，

他不会在公开场合故意表现自己来博取名声，也不会在没人知道的情况下做不该做的事。他最遵守礼节，就是没人看见，他也决不会忽略自己应尽的礼数。刚才一定是他坐车经过宫门口，下车行了礼以后才离开。"

卫灵公听了还是不怎么相信，就派人去调查这件事，结果还真是这样。

精彩赏析

遽伯玉不会在公开场合故意表现自己来博取名声，也不会在没人知道的情况下做不该做的事。遽伯玉严于律己的精神正是我们应该学习的。

快乐学习屋

小朋友，南子为什么认为在宫门口停下马车的是遽伯玉？事实是这样吗？你从这个小故事里懂得了什么道理？

179

李绛善谏

中华传统美德故事

知识简介

李绛（公元 764 年—830 年），字深之。唐朝中期的政治家、宰相。为官正直勤勉，多次劝谏唐宪宗削藩平党未被采纳。后在叛乱中拒绝逃亡而遇害。

忠贞不渝：忠诚坚定，永不改变。忠：忠诚；贞：有操守；渝：改变。

故事再现

唐朝李绛，善于劝谏，皇帝常常很感动，曾几度提拔他，甚至说："李臣所言，朕应该把它记下来绑在腰带上，天天来作为警诫省查。"

白居易一生为官，不好名利。有一次，劝谏皇上要容纳群言，皇上要治他的罪。李绛劝皇上说："白居易一片忠贞，如果皇上治他的罪，天下人都必须把嘴闭上。"皇上听到李绛说此话，原本难看的脸色转变过来，可见李绛多么善谏。

又一次，皇上责怪李绛过于指责他的不是，令他很难堪。李绛这时非常难过，哭啼着说："我因为怕您左右的每一个人都爱着自己，而不敢说真话，这是辜负了殿下，对不起天下人，更对不起皇上啊！如果臣子跟你说的话你不爱听，皇上就辜负了臣子的一片忠心。"皇上理解了李绛。

李绛虽然多次劝谏触犯皇上，但最后他都能陈述原因，使皇上解

误。他有一颗忠贞不渝，爱国、爱天下百姓的忠诚之心。

精彩赏析

　　古人讲，站在哪个位子，就应该做自己应做的，行自己应行的，不能怕丢自己的位子和身子，否则就是不忠不义。李绛能直谏皇上，正是他的职责所在。

快乐学习屋

　　小朋友，皇上要治白居易的罪时，李绛是怎么劝谏皇上的？皇上责怪李绛让自己难堪时，李绛是怎么回答的？你认为李绛具有什么品质？

魏徵直言敢谏

魏徵，唐朝政治家、思想家、文学家和史学家，因直言进谏，辅佐唐太宗共同创建"贞观之治"大业，被后人称为"一代名相"。

故事再现

魏徵是唐太宗时期的一位谏官，他看到唐太宗有不对的地方，就当面力争。有时候，唐太宗听得不是滋味，沉下了脸，魏徵还是照样说下去，叫唐太宗下不来台。

有一次，魏徵在上朝的时候，跟唐太宗争得面红耳赤。唐太宗实在听不下去，想要发作，又怕在大臣面前丢了自己善于纳谏的好名声，只好忍住。

退朝以后，他憋了一肚子气回到内宫，见了他的妻子长孙皇后，气冲冲地说："总有一天，我要杀死这个乡巴佬！"

长孙皇后很少见太宗发那么大的火，问他说："不知道陛下想杀哪一个？"

唐太宗说："还不是那个魏徵！他总是当着群臣的面侮辱我，叫我实在忍受不了！"

长孙皇后听了，一声不吭，回到自己的内室，换了一套朝见的礼

服，向太宗下拜。

唐太宗惊奇地问道："你这是干什么？"

长孙皇后说："我听说英明的天子才有正直的大臣，现在魏徵这样正直，正说明陛下的英明，我怎能不向陛下祝贺呢！"

这一番话就像一盆清凉的水，把太宗的满腔怒火浇熄了。

后来，他不但不记魏徵的恨，反而夸奖魏徵说："人家都说魏徵举止粗鲁，我看这正是他可爱的地方哩！"

精彩赏析

魏徵是一个了不起的人物，他为了让唐太宗做一代明君，敢于进谏，不惜冒着生命危险与唐太宗发生争执。所以，唐太宗成为历史明君，他当政时期被称为"贞观之治"。

快乐学习屋

小朋友，唐太宗为什么发那么大的火？唐太宗后来又为什么夸奖魏徵？这个故事从侧面反映出魏徵的什么品质？

包拯铁面冰心

知识简介

包拯，字希仁，庐州合肥（今安徽合肥）人，北宋名臣。因曾任龙图阁直学士，故世称"包龙图"，民间称他为"包青天"。

故事再现

包拯，是北宋时期最有影响力的一位清官，赢得了历代官民的敬重。

生活在朝政腐败、贿赂公行时代的包拯，却十分讲求为官清廉，即使稍不检点的行为，也不能为他所容。包拯在做御史中丞时，曾连续弹劾了两位三司使——张方平和宋祁，他们在朝廷上是很有影响的人物。

张方平在执掌三司使大权时，有一个开酒坊的富翁刘保衡，因拖欠官府小麦，折合一百多万钱，借贷无着，只有变卖家产，以偿还债务。这时，张方平便廉价收购了刘家的宅院。

这桩不光彩的事被包拯知道后，上奏仁宗，罢免了他的三司使职务，贬为滁州知州。新任三司使宋祁，上任前在四川做知州，那时名声就不好，他终日游宴，生活异常豪奢。他代张方平出任三司使不久，就在包拯等谏官的一片"弹劾"声中，被贬为郑州知州。

宋仁宗在连罢两任三司使后，深感需要一个能廉洁自律的人执掌三司。经过一番权衡，他决定让包拯以枢密直学士的身份代理三司使。

184

可是，这一道旨令，让许多大臣都不理解，因为这样会有"取而代之"之嫌，就连曾经极力举荐过包拯的欧阳修，也认为包拯如果接受了职位，会让众人非议。然而，包拯并未因此退却，他毅然接受了这一新的任命。他一上任，就修改旧的制度，让老百姓的生活不被打扰，不久就被正式任命为三司使。后来宋仁宗又将升职任礼部侍郎，包拯却没有接受。

精彩赏析

包拯公正、刚毅，不附权贵，铁面无私，为了正义敢于和权威对抗，为了百姓太平，不在乎名节，这样的英明决断，值得我们学习。

快乐学习屋

小朋友，包拯为什么弹劾张方平和宋祁？他为什么不在乎"取而代之"之嫌？你认为包拯身上有什么值得学习的品质？

孙叔敖勇斗两头蛇

知识简介

孙叔敖，名敖，字孙叔，楚国（今荆州沙市）人，春秋时期楚国大臣，辅佐楚庄王施教导民，宽刑缓政，发展经济，政绩赫然。

故事再现

孙叔敖小时候是个非常勇敢的孩子。

一天，6岁的孙叔敖走出家门玩耍，不知不觉来到了后山的草丛中，突然，他听到草丛深处传来"沙沙"的声响。是什么？孙叔敖好奇地走过去，想拨开草丛探个究竟。猛然间，一条有两个头的大花蛇从草丛中窜出来，孙叔敖惊恐地向后退去，因为听说看见过两头蛇的人会死，但他转念一想，不如临死前把这条两头蛇杀掉，免得它再去伤害别人。

于是孙叔敖捡起一块石头，毫不犹豫地向两头蛇扔了过去。两头蛇灵活地一闪，"啪"的一声，石头砸在了地上。

这时，孙叔敖沉住气，又捡起一块石头，看准了两头蛇的一个蛇头，用力砸了过去，正好砸中那个蛇头。两头蛇痛得翻滚起来，孙叔敖趁机又捡起一块石头扔了过去，狠狠地砸向另一个蛇头，直到把蛇头砸得稀烂……

两头蛇终于死了，孙叔敖舒了一口气。刚想转身离开这里，可他又

想到，万一有人经过这里，看到两头蛇的尸体，说不定会被吓死的，于是他又费了好大的劲儿，在山上挖了一个深坑，把两头蛇埋了进去，最后又在上面压了一块石头。

回到家里，孙叔敖哭着对妈妈说自己活不了了，妈妈一问，原来是因为看到了两头蛇，妈妈笑着说："哪有看到两头蛇就会死的，那是为了吓唬小孩，让小孩看到两头蛇赶紧跑，免得被伤到。"

精彩赏析

6岁的孙叔敖看到两头蛇，本来自己也很惊恐，但是想到不能让两头蛇再去伤害别人，就勇敢地用石头砸向两头蛇，他是一个勇敢而又可爱的孩子。

快乐学习屋

小朋友，孙叔敖看到两头蛇为什么惊恐？又为什么用石头砸向两头蛇？读了这个故事，你认为孙叔敖小时候是一个怎样的小孩？为什么？

沈云英忠孝彪炳千秋

沈云英，明代女将，出身武职世家，她的父亲沈至绪是武进士出身。沈云英虽是女子，却与众不同，自幼喜爱习武，擅长骑马射击，强于记忆，饱读经史。

明朝湖南道州守将沈至绪，有一个独生女儿，名叫沈云英。

沈云英自小聪明好学，跟父亲学得一身好武艺。沈至绪也没有像一般家庭那样将女儿困在闺阁之中，而是经常带女儿出门见世面，长见识。他去京城述职，也会带上沈云英一起前往。

后来，沈至绪出任湖南道州守备，沈云英就跟在父亲身边照应。当时是崇祯年间，时值张献忠兴兵起义，率领农民军进攻道州，兵临城下，攻势猛烈。沈至绪领兵守卫，两军相争阵前，沈至绪战亡了。

当时沈云英才十七岁，听闻父亲率兵迎异军死在战场上，她登上高处大声呼喊："我虽然是一个小女子，但为完成父亲守城的遗志，我要与张献忠决一死战。希望全体军民共同保卫道州。"

大家深受感动，发誓要夺回失地。

沈云英束起头发，披甲上阵，率领将士，奋勇拼杀，很快解除了包

围，取得了胜利。沈云英找到父亲的尸体，大声痛哭，全体军民都穿上孝服，参加了葬礼。朝廷下令追封沈至绪为副总兵，并任命沈云英为游击将军，继续守卫道州府。

后来人们为她建了一座忠孝双全祠，纪念这位彪炳千秋的女将军。

精彩赏析

兵临城下，沈云英听到父亲牺牲的消息没有时间悲伤，她勇敢地披甲上阵，解除了包围，这样的勇气和胆魄，值得我们学习。

快乐学习屋

小朋友，听闻父亲死在战场，沈云英是如何面对的？读了这个故事，你认为沈云英身上具有什么品格？

班超出使西域

知识简介

班超，字仲升，扶风安陵（今陕西咸阳）人，东汉著名将领、外交家，是开拓和维持汉代与西域关系的重要人物。

故事再现

东汉年间，班超出使西域鄯善国。头几天，鄯善国王待他们还挺热情，可是没过多久，国王对他们就越来越冷淡，常找借口避开他们，就是好不容易见上了，也绝口不提联合抗击匈奴之事。

班超召集使团的人分析说："鄯善国国王对我们的态度越来越不友好了，估计是匈奴也派了人来游说他。"

夜里，班超派人潜进王宫，果然发现鄯善国国王正陪着匈奴的使者喝酒谈笑，看样子谈得很是投机。匈奴不但派来了使节，而且还带了一百多个全副武装的随从和护卫。

班超马上对大家说："匈奴果然已经派来了使者，说动了鄯善国国王，现在我们已处于极度危险之中，如果再不采取有效措施，等鄯善国国王被说服，我们就会成为他和匈奴结盟的牺牲品。到时候，我们自身难保是小事，国家交给我们的使命也就完不成了。大家说该怎么办？"大家齐声答应："我们服从您的命令！"

班超猛击了一下桌子，果断他说："不入虎穴，焉得虎子！现在我们只有下决心消灭匈奴使团，才能完成我们的使命！"当夜，班超就带人冲进匈奴使团所驻的营垒，趁他们没有防备，以少胜多，终于把一百多个匈奴人全部消灭了。

第二天，班超提着匈奴使者的头颅去见鄯善国国王，当面指责他的善变说："您太不像话了，既答应和我们结盟，背地里又和匈奴接触。现在匈奴使者的人头在这里，您自己看着办吧。"鄯善国国王既吃惊又害怕，很快就和汉朝签订了同盟协议。

精彩赏析

在危急的情境之下，我们就应当像班超一样敢于冒必要的危险，才能够获得成功。如果这时还犹犹豫豫畏缩不前，后果就不堪设想了。

快乐学习屋

小朋友，鄯善国国王开始待班超他们挺热情，后来为什么越来越冷淡？当班超发现鄯善国国王可能不会和大汉结盟，他作了什么决定？班超身上有什么品质值得我们学习？

缇萦（tí yíng）上书救父亲

挺身而出：挺直身体站出来。形容面对艰难或危险的事情，勇敢地站出来。

跋山涉水：翻山越岭，蹚水过河。形容走远路的艰苦。

故事再现

汉文帝时，山东临淄有位叫淳于意的医生，他原是地方上的一个小官，辞官回乡后，就凭他高明的医术为人治病。

一次，地方上有个大官得了重病，由于病情恶化，死在淳于意的家中。那官吏的家属倚仗权势，诬告他"庸医杀人"。淳于意便被押往长安拘押问罪。

当时的刑法十分残酷，老百姓犯了罪，重的判死刑，轻的也要受到割鼻子、砍脚等肉刑。受肉刑的人最后就成了残废，尤其是蒙受冤屈的人带着肉刑留下的标志，永世无法昭雪。

淳于意没有儿子，只有五个女儿，较大的四个女儿见父亲被问罪，只知啼哭，只有最小的女儿缇萦，虽还不满 10 岁，却挺身而出，陪同父亲跋山涉水，千里迢迢前往京城。

淳于意被关进大牢，缇萦想为父亲申冤，但是见不到汉文帝，于是写信给汉文帝。她在信中说："我父亲为官清廉，医术高明，现在蒙冤被

押，要受肉刑，实在太不公平。一个人受了肉刑，被割掉的鼻子再也不会长上，想要改过自新也无机会了。我情愿做奴婢做苦工，替父亲赎罪。只求皇上免除我父亲的肉刑。"

她的信虽然写得很稚嫩，但情真意切，鞭辟入里。

汉文帝日理万机，当然不会重视缇萦的书信。但缇萦写信之事很快在朝野中传开了，汉文帝也有所耳闻，他觉得这个小姑娘很勇敢，便下令召见她。

小小的女孩面见皇帝并不惧怕，当殿再将自己的想法和要求讲述了一遍。缇萦口齿伶俐，条理清楚，态度恳切，汉文帝听了非常高兴，于是赦免了淳于意，让父女俩一同回家，并决定，从此以后废除肉刑。

精彩赏析

缇萦勇敢上书，不仅救了父亲，还促使皇帝废了肉刑，她的事迹千百年来一直为人们所传颂。缇萦虽然是个小女孩，但却有这样的胆识，真是让人佩服。

快乐学习屋

小朋友，淳于意蒙受冤屈时是谁挺身而出？淳于意后来是如何得救的？读了这个小故事，你最佩服谁？为什么？

王戎勇敢斗贼

知识简介

王戎，字濬冲，琅玡临沂（今山东临沂白沙埠镇诸葛村）人。西晋名士、官员，"竹林七贤"之一。

故事再现

王戎小时候不仅小脑袋瓜儿非常灵活，而且还很勇敢。

王戎3岁那年，元宵节晚上，家人背着王戎去看花灯。大街小巷，到处挂着式样精巧、竞放异彩的灯笼。十字路口更是灯火辉煌，热闹非凡。在熙熙攘攘的人群中，家人背着小王戎看了很久才挤出人群。

小王戎看到家人背着他朝一个僻静的小巷里走去，觉得很奇怪，低头一看，呀！背他的竟是一个陌生人！他想起父母说的有拐卖小孩的贼。心想这人定是个贼，趁看灯拥挤，人们不警惕，便把自己弄到他的背上。小王戎心里害怕，可是他没哭也没叫，不声不响地把自己小辫上的红头绳解下来，悄悄地系在贼的帽子上。等穿过小巷，到了另一条人多的街上，王戎就高喊起来："快捉住他，他是贼！"那个贼吓了一跳，丢下王戎，钻进人群逃跑了。

正在这时，几个巡夜的官兵来了。王戎赶紧向官兵高喊抓贼，官兵走过来问王戎那个贼长成什么样子，王戎说："我在那个贼的帽子上系

了红头绳，快去捉他！"王戎被送回家时，那个拐卖他的贼也被捉住了。

精彩赏析

当王戎发现背着自己的竟然是一个偷小孩的贼时，并没有吓得不知所措，而是勇敢地想办法自救，王戎的这份胆量，正是我们应该学习的。

快乐学习屋

小朋友，当王戎发现背着自己的竟然不是家人时，他吓得哭闹了吗？他是怎么应对的？读了这个故事，你明白了什么道理？

勇敢的精卫

知识简介

打抱不平：遇见不公平的事，挺身而出，帮助受欺负的一方。

蛮横无礼：态度粗暴，不讲道理。

故事再现

炎帝有个女儿，名叫精卫，性格开朗活泼，喜欢打抱不平。一天，她走出小村，找小朋友玩耍，看到一个大孩子把小孩子当马骑。小孩子都累趴下了，大孩子还不肯罢休。

精卫走过去，指着大孩子的脑门怒斥道："你这个孩子太不知羞耻，欺负小孩子算什么本事，有力气，去打虎打熊，人们会说你是英雄。"

大孩子见精卫是个小姑娘，生得单薄文弱，根本不把她放在眼里。他从小孩子背上跳下来，走到精卫面前说："我是海龙王的儿子，你是什么人？竟敢来管我！"

精卫说："龙王的儿子有什么了不起，我还是炎帝的女儿呢，以后你少到陆地上撒野，小心我把你挂到树上晒干。"

龙王的儿子说："我先让你知道知道我的厉害，往后少管小爷的闲事。"说着动手就打。精卫从小跟着父亲上山打猎，手脚十分灵活，力气也不小，见对方蛮横无礼，并不示弱，闪身躲开对方的拳头，飞起一

腿，将龙王的儿子踢了个嘴啃泥。

龙王的儿子站起来，不肯服输，挥拳又打，被精卫当胸一拳，打个仰面朝天。

龙王的儿子见打不过精卫，只好灰溜溜地逃回大海。

精彩赏析

精卫虽然是个单薄文弱的小姑娘，但遇到不公平的事却能挺身而出，面对龙王儿子的蛮横无理也毫不示弱，是个勇敢的少年。

快乐学习屋

小朋友，看到大孩子欺负小孩子，精卫是怎么做的？面对龙王儿子的蛮横无理，精卫又是怎么做的？你觉得精卫身上有什么品质值得我们学习？

毛遂自荐

知识简介

　　毛遂，战国时期赵国人，今河北省邯郸市鸡泽县毛官营村人。公元前257年，他自荐出使楚国，促成楚、赵合纵，声威大振，获得了"三寸之舌，强于百万之师"的美誉。

故事再现

　　战国时，秦军在长平一线大胜赵军。秦军主将白起，领兵乘胜追击，包围了赵国都城邯郸。

　　大敌当前，赵国形势万分危急。平原君赵胜奉赵王之命，去楚国求兵解围。平原君把门客召集起来，想从中挑选 20 个文武全才的门客一起去。挑到最后，还缺一个人。

　　门下有一个叫毛遂的人走上前来，向平原君自我推荐说："听说先生将要到楚国去签订'合纵'盟约，约定与门客二十人一同前往，而且不到外边去寻找。现在还少一个人，希望先生就以毛遂凑足人数出发吧！"

　　平原君说："先生来到赵胜门下几年了？"

　　毛遂说："三年了。"

　　平原君说："贤能的人处在世界上，就好比锥子处在囊中，它的尖

梢立即就要显现出来。现在，处在赵胜的门下已经三年了，左右的人对你没有称道，赵胜也没听到赞语，这是因为先生没有什么才能的缘故。所以先生不能一道前往，请留下！"

毛遂说："我不过今天才请求进到囊中罢了。如果我早就处在囊中的话，就会像锥子那样，整个锋芒都会露出来，不仅是尖梢露出来而已。"

平原君终于同意毛遂一道前往。

精彩赏析

面对平原君挑选人才去楚国求兵解围的机遇，毛遂自告奋勇地请平原君带上自己，成语"毛遂自荐"便是由此而来。

快乐学习屋

小朋友，当平原君挑选文武全才还缺一人时，发生了什么事情？面对平原君的质疑，毛遂是怎么回答的？你从这个小故事里明白了什么道理？

杯酒释兵权

知识简介

释：解除。在酒宴上解除将领的兵权。

节度使：官名。重要地区设置的统兵的总管，由朝廷直接任命。相当于现在的军区首长。

故事再现

宋太祖即位后不到半年，就有两个节度使起兵反对宋朝。叛乱平定后，宋太祖心里总不大踏实。后来，赵普说："国家混乱，毛病就出在藩镇权力太大。如果把兵权集中到朝廷，天下自然太平了。"于是建议宋太祖收回石守信、王审琦两人的兵权。

过了几天，宋太祖在宫里举行宴会，请石守信、王审琦等几位老将喝酒。酒过几巡，宋太祖端起一杯酒，说："我若非你们相助，也不会有现在这个地位。但是你们哪知道，做皇帝也有很大难处。"

石守信等人忙问何故。宋太祖说："皇帝这个位子，谁不眼红呀？"石守信等听出话音来了。大家着了慌，跪在地上说："现在天下已经安定了，谁还敢对陛下三心二意？"

宋太祖摇摇头说："对你们几位我还信不过？只怕你们的部下，有人贪图富贵，欲把黄袍披在你们身上。你们想不干，能行吗？"

石守信等人听到这里，全明白了。

第二天上朝，每人都递上一份奏章，说自己年老多病，请求辞职。宋太祖马上照准，收回他们的兵权，赏给他们每人一大笔财物，打发他们到各地去做节度使，但已经没有实权。

宋太祖赵匡胤没有耗费一兵一卒就防止了军队的政变，在生活中，我们也应该学会用智慧去解决问题。

快乐学习屋

小朋友，宋太祖赵匡胤是如何解除大臣的兵权的？这个故事对你有什么启发呢？

财神范蠡

知识简介

（公元前536年—448年）字少伯，春秋末期著名的政治家、军事家、经济学家，曾辅佐越王勾践复国。后隐退经商三次成为巨富，被后人尊称为"商圣"。

卧薪尝胆：睡觉睡在柴草上，吃饭睡觉之前都尝一尝苦胆。形容人刻苦自励，发愤图强。

故事再现

范蠡帮助越王勾践灭了吴国后，被封为上将军。范蠡深知勾践只能共患难，难与同安乐，便向越王"辞呈"。勾践不同意。范蠡于是悄悄乘船到了齐国境地。

范蠡到了齐国后改名换姓，在海边选了一片土地，开荒种地，并引海水煮盐。没几年光景，置产数十万，成为巨富。齐国国君获悉此事，就任他为相。但不久，范蠡就把相印还给了齐国国君，把大部分资财散发给乡邻好友，一家人又重新迁居。

一天，他们来到了宋国的陶邑（今山东定陶县），看到这里位置适中，交通发达，客商云集，店铺鳞次栉比，十分繁华。他就决定定居下来，又改名"陶朱公"。耕作养殖之余，他还在集市上经商。他采取薄利多销的原则，又格外重视信息的作用，生意越做越好。只几年工夫，

他就积累了亿万家财。

范蠡经商很有预见性。他随时了解各地商品价格的变动情况，认为贸易中的物质只有卖给迫切需要者才最有利可图，在夏天就要预测皮毛的行情，在冬天要预测葛麻的行情，手中还要有充裕的实物积蓄。不要存钱，要加快资金周转的速度，这样才能获取更多的利润。

范蠡父子曾经在一些山区经营过收购转销生意，为当地百姓闯出了一条致富路。当他回陶邑时，又把积累的财富中的绝大部分分给了乡邻和穷苦人。

后来，人们为了纪念这位伟大的政治家、大商人，就把他当年生活的卢氏县莘川村改名为"范蠡"，把村边的湖改称"范蠡湖"。

精彩赏析

范蠡的身上体现了善于审时度势的智慧之光，知道何时该进何时该退。有人疑惑于他的行为，为何总是放弃荣华富贵，却不知最是潇洒自由、最是洞察秋毫，又活得最有滋味的便是范蠡。以平常心看待荣华与权势，以敏锐的洞察力审时度势，这才是真正的智慧所在。

快乐学习屋

小朋友，范蠡为何离开了越王勾践，并放弃了官位呢？范蠡经商有什么秘诀吗？小朋友，你从这个故事中明白了什么道理？

曹彬罚下属

曹彬，字国华，真定灵寿（今属河北）人，北宋开国名将，在北宋统一战争中立下汗马功劳。

曹彬为人仁敬和厚，有一回，他挂帅期间，兼任徐州地方官，他手下有一个年轻的官吏犯了法，案件都已经查实了，可曹彬就是对此事睁一只眼闭一只眼，不闻不问，一副想要不了了之的样子。

因为曹彬一向执法严明，对下属更是要求极其严格，从不纵容下属，所以大家都对此事感到奇怪，不明白曹彬何以在这件事上当和事佬。

可是，一年以后的一天，曹彬忽然下令将那个下属抓了起来，打了他几十大板，说这是对他去年所犯的罪行的惩罚。众人更不理解了，问他："既然此人是一年前犯的罪过，而且当时即已查实，为什么当时不处理，偏要等一年后才处罚呢？"

曹彬解释道："一年前，此人的罪刚查实的时候，我了解到他才娶了媳妇，如果那时处罚他，打他板子，他的父母一定会认为新媳妇克夫，那就会对新媳妇早骂晚打，新媳妇也会觉得自己命不好，无脸见人，也许会发生什么意外之事。所以，我才故意把这件案子留在一年以

后处罚啊!"

众人一听,都对曹彬表示佩服,称赞他良苦用心。

精彩赏析

曹彬智慧地处理官吏犯法的事情,既惩罚了下属,又维护了下属的家庭和谐,这种温情执法的方式,真是用心良苦。

快乐学习屋

小朋友,曹彬对犯法的官吏是要不了了之吗?他最后是怎么处理这件事的?为什么?你认为曹彬是一个怎样的人?

晏子使楚

知识简介

晏子，字仲，谥号"平"，原名晏婴，春秋时齐国夷维（山东高密）人，齐国大夫。他是一位重要的政治家、思想家、外交家，在诸侯和百姓中享有极高的声誉。

故事再现

春秋时齐国的相国晏子将要出使楚国，楚王听到这个消息，对手下的人说："晏子，是齐国善于辞令的人，现在他要来，我想羞辱他，用什么办法呢？"

手下的人回答说："当他来到的时候，请允许我们捆绑一个人，从大王面前走过。大王问：'做什么的人？'回答说：'是齐国人。'楚王又问：'犯了什么罪？'回答说："犯了偷窃的罪。"

晏子到了楚国，楚王请晏子喝酒。酒喝得正高兴的时候，两个官吏绑着一个人来到楚王面前。楚王问："绑着的是什么人？"小吏回答说："是齐国人，犯了偷窃罪。"

楚王对晏子说："齐国人本来就善于偷窃吗？"晏子离开座位，郑重地回答说："我听说过这样一件事，橘子生长在淮南是橘子，生长在淮北就变为枳子，只是叶子的形状相似，它们果实的味道完全不同。

这样的原因是什么呢？是水土不同。现在百姓生活在齐国不偷窃，来到楚国就偷窃，莫非是楚国的水土使百姓善于偷窃吗？"

楚王吃了亏，瞪着眼，默不作声，认识到自己不是晏子的对手了。

精彩赏析

　　这个故事表现了晏子的机智雄辩。不过，客观环境、条件对人们的道德观念、善恶标准也确实是有一定影响的。看不到这种影响作用，就不能理解道德观念在不同地区、不同国度的差异性和善恶标准的相对性。当然，过分夸大这种影响作用，也是会流于偏颇的。

快乐学习屋

　　小朋友，楚王计划怎样羞辱晏子？晏子又是怎样应对的？读了这个故事，你明白了什么道理？

狄青智取侬智高

知识简介

狄青，字汉臣，汾州西河（今山西）人，出身贫寒，勇敢善谋，战场上常戴面具冲锋陷阵，立下了卓越的战功。

故事再现

狄青到广西征讨侬智高时，由于前将领几次征讨失败，士气低落，如何振奋士气便成了个问题。

狄青看到南方有崇拜鬼神的风俗，便心生一计：他率官兵刚出桂林之南，就拜神祈佑。只见他拿出一百个制钱，口中念念有词："此次用兵胜负难以预料，若能制敌，请神灵使钱面全都朝上！"

左右官员对此感到茫然，担心弄不好会影响士气，都劝狄青不必这么做。而狄青却不加理睬，在众目睽睽之下，一挥手，一百个制钱全撒到地面。

大家凑近一看，一百个钱面全部朝上。官兵见神灵保佑，雀跃欢呼，声震林野，士气大振。狄青当即命左右侍从，拿来一百根铁钉，把制钱原地不动地钉在地上，盖上青布，还亲手把它封好，说："待胜利归来，再收回制钱。"于是率官兵南进，越过昆仑关，设计在归仁铺与侬智高决战。结果大败侬军，"追赶五十里，斩首数千级"，俘侬智高

主将五十七人。侬智高遁往云南大理，后死在那里。

狄青平定了邕州，带领胜利之师北还，如约到掷钱处取制钱。僚属们将钱起出一看，原来这一百个制钱两面都是钱面，大家才恍然大悟，对狄青的"静不露机"更是佩服得五体投地。

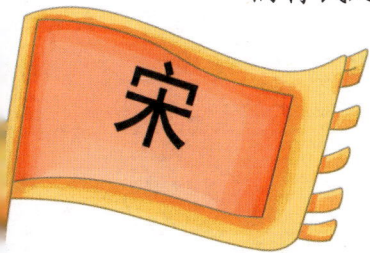

宋

精彩赏析

狄青的计谋，是利用将士们迷信鬼神的心理来稳定军心，从而让士气高涨，很快穿越险途，平定了侬智高的叛乱。非常时期，非常谋略，正是智慧的体现。

快乐学习屋

小朋友，狄青为了振奋士气，采用了什么计谋？这个计谋能够成功的原因是什么？你从这个小故事里明白了什么道理？

209

奇童孔融的故事

孔融，字文举，东汉末年文学家，鲁国（今山东曲阜）人，家学渊源，"建安七子"之首，是孔子的二十世孙。

故事再现

孔融10岁那年随父亲到洛阳。他看见洛阳太守李膺的府邸，就直往里走。这时守门人忙把他拉住，问道："你是哪家小孩，到一边玩去！"

孔融严肃地回答说："请你们进去通报，山东孔融来访。"守门人见他一本正经，也不知是什么来头？笑着问："小公子，可有红帖？"

孔融说："我家和你家主人世代交往，又有师生之谊，无须红帖，只管通报。"守门人怕慢待贵客，只好进去通报。

这时李膺正和许多文人雅士交谈，听了通报，一时想不起这位孔融和自己家是什么关系，只好打哈哈："请进！"

小孔融走进大厅，一边向主人问候，一边拱手和宾客打招呼，态度不亢不卑。李膺一边让座，一边打量这位俊才少年，心里好生奇怪：这小孩从未见过面啊？于是，李膺问道："小公子，你说我们两家世代交情，我怎么想不起来啊！"

孔融微笑着说："五百年前孔子曾经问礼于老子，孔子姓孔，老子

姓李，说明孔、李两家五百年前就有师生之谊。

今你姓李，我姓孔，也是师生关系，我们两家不是世交吗？"

孔融语出惊人，在座的客人无不暗暗称奇。

太守李膺不禁哈哈大笑起来："小公子真神童也。"

唯有太中大夫陈韪不以为然，冷冷地说："小时候聪明的人，长大后未必有作为。"

孔融笑着说："这样说来，先生小时候一定很聪明。"这一巧妙对答，弄得陈韪面红耳赤。孔融则目不斜视，一本正经地喝着茶，引得众人哈哈大笑。

精彩赏析

从这个故事中，我们可以发现孔融的聪明与机智，也可以看出他的礼貌与谦虚。他的这种品质值得每一个小朋友学习。

快乐学习屋

小朋友，这个故事给了你什么启发呢？

陶渊明不折腰

知识简介

陶渊明，字元亮，又名潜，私谥"靖节"，世称靖节先生。东晋末至南朝宋初期伟大的诗人、辞赋家，有《陶渊明集》。

故事再现

陶渊明从小喜欢读书，不想求官，家里穷得常常揭不开锅，但他还是照样读书作诗，自得其乐。

后来，陶渊明越来越穷了，靠耕种田地也养不活一家老少。亲戚朋友劝他出去谋一官半职，他没有办法只好答应了。当地官府听说陶渊明是个名将后代，又有文才，就把他派到彭泽（在今江西省）当县令。

陶渊明当县令，一不会搜刮，二不懂贪污，日子过得并不富裕，但是比起他在老家过的穷日子，当然要好一些。再说，他觉得留在一个小县城里，没有什么官场应酬，也还比较自在。

这年冬天，郡的太守派出一名督邮，到彭泽县来督察。督邮虽然品位很低，却有些权势，在太守面前说话好歹就凭他那张嘴。这次派来的督邮，是个粗俗而又傲慢的人，他一到彭泽的旅舍，就差县吏去叫县令来见他。

陶渊明平时蔑视功名富贵，不肯趋炎附势，对这种假借上司名义发号施令的人很瞧不起，但也不得不去见一见，于是他马上动身。

不料，县吏拦住陶渊明说："大人，参见督邮要穿官服，并且束上大带，不然有失体统。督邮要趁机大作文章，会对大人不利的！"

这一下，陶渊明再也忍受不了了。他长叹一声，道："我不能为五斗米向人折腰！"说罢，索性取出官印，把它封好，写了一封辞职信，随即离开了只当了八十多天县令的彭泽。

精彩赏析

陶渊明当县令既不搜刮，也不贪污，只为温饱生活，想到要面对粗俗而又傲慢的督邮，宁愿连五斗米的官俸也不要，这份气节为世人称赞至今。

快乐学习屋

小朋友，陶渊明是怎么当县令的？他为什么辞去了官职？读了这个故事，你认为陶渊明身上有什么品质值得我们学习？

不食嗟来之食

瘦骨嶙峋：形容人或动物消瘦露骨。嶙峋：指山路重峻峭，这里指过于瘦弱露出骨头。

衣衫褴褛：衣服破破烂烂。褴褛：破烂。

故事再现

有一个富人名叫黔敖，看着穷人一个个饿得东倒西歪，他反而幸灾乐祸。他想拿出点粮食给灾民们吃，但又摆出一副救世主的架子，他把做好的窝窝头摆在路边，施舍给过往的饥民们。

每当过来一个饥民，黔敖便丢过去一个窝窝头，并且傲慢地叫着："叫花子，给你吃吧！"有时候，过来一群人，黔敖便丢出去好几个窝窝头让饥民们互相争抢，黔敖则在一旁嘲笑地看着他们，十分开心，觉得自己真是大慈大悲的活菩萨。

这时，有一个瘦骨嶙峋的饥民走过来，只见他蓬头垢面，衣衫褴褛，将一双破烂不堪的鞋子用草绳绑在脚上，他一边用破旧的衣袖遮住面孔，一边摇摇晃晃地迈着步，由于几天没吃东西了，他已经支撑不住自己的身体，走起路来有些东倒西歪了。

黔敖看见这个饥民的模样，便特意拿了两个窝窝头，还盛了一碗

汤，对着那个饥民大声吆喝着："喂，过来吃！"饥民像没听见似的，没有理他。黔敖又叫道："嗟，听到没有？给你吃的！"

只见那饥民突然精神振作起来，瞪大双眼看着黔敖说："收起你的东西吧，我宁愿饿死也不愿吃这样的嗟来之食！"黔敖万万没料到，饿得这样摇摇晃晃的饥民竟还保持着自己的人格尊严，顿时满面羞惭，一时说不出话来。

精彩赏析

在平凡的日常生活中，有些人能够脱颖而出，凸显骨气，体现了人格尊严，绘出了动人的篇章。就像饥民，虽然穷困，却不食嗟来之食，懂得维护自己的人格尊严。

快乐学习屋

小朋友，黔敖救济饥民时是什么样子？有一个饥民为什么拒绝了他的施舍？表现了这个饥民什么品质？你从这个故事里明白了什么道理？